엘
잴
잴

일 잘하고 잘 사는 삶의 기술

김명남 심채경 홍민지 조소담 김예지 이연 추혜인 무과수 황효진

창비
Changbi Publishers

차례

프로 번역가의
시간 관리법

김 명 남   KAIST 화학과를 졸업하고 서울대 환경대학원에서 환경정책을 공부했다. 인터넷서점 알라딘에서 편집팀장으로 일했고 현재는 전문번역가로 활동하고 있다. 『남자들은 자꾸 나를 가르치려 든다』『우리는 모두 페미니스트가 되어야 합니다』 등을 옮겼다. 제55회 한국출판문화상을 수상했다.

01

번역가의 일

지금부터 오래오래 후 어디에선가

나는 한숨지으며 이렇게 말하겠지.

숲속에 두갈래 길이 나 있었다고, 그리고 나는 ―

나는 사람들이 덜 지나간 길 택하였고

그로 인해 모든 것이 달라졌노라고.

로버트 프로스트의 「가지 않은 길」은 유명한 시여서, 시 암송이라는 멋진 버릇 같은 건 없는 저도 위의 문장을 외우고 있습니다. 그런데 이 시가 "사람들이 덜 지나간 길"을 고른 자신의 선택과 그로 인해 영영 달라진 인생을 적이 자랑스럽게 회상하는 내용이 아닐지도 모른다는 사실을 안 건, 평론가 신형철의 칼럼*을 읽고서였습니다. 칼럼에 따르면, 이 시의 정서는 오히려 자신

---

* 「모두가 사랑하고 대부분 오해하는?」, 『한겨레』 2016.7.1.

의 선택이 그다지 특별하지 않았다는 걸 아는 사람의 멜랑콜리입니다. 회한이라고까지 할 순 없을 듯해요. 어떤 선택이든 실상은 대체로 고만고만하다는 것, 그럼에도 우리는 나름의 이유를 붙여서 정당화하기 마련이라는 것, 그렇게 해서라도 주저앉지 않고 선택을 거듭하며 걸어가는 게 삶이란 걸 화자가 알기 때문입니다.

요즘 웹소설 중에는 '회귀물'이 한 장르를 이룰 만큼 많지요. "가지 않은 길"을 상상 속에서나마 밟아보고픈 마음은 보편적 욕구인 모양입니다. 저도 그래요. 가끔은 "그때 '영끌'을 해서라도 그 집을 사야 했어!" 하고 생각합니다. 또 가끔은 "그때 그애랑 결혼해서 가족을 만들걸 그랬나" 하고 생각합니다. 이런 상상은 대개 흐지부지 끝납니다. 몇몇 결정적 시기에 경제나 인간관계 면에서 다른 길을 택했더라도, 내가 나인 한 결국에는 지금과 엇비슷한 지점에 도달했을 것 같기 때문입니다.

하지만 제가 무척 진지하게 상상해보는 문제가 하나 있습니다. '만약 내가 프리랜서 출판 번역가가 되지 않았더라면? 만약 내가 다른 일을 했다면, 더 즐거웠을까? 더 풍요로웠을까? 더 보람찼을까?' 제가 유독 이 질문에만 진지한 건, 스스로 생각하는 정체성에서 일이 가장 중요한 요소이기 때문일 겁니다. 돈과 시간과 사람은 제게 있다가도 없고 없다가도 있을 수 있다고 여겨지지만, 일은 그렇지 않습니다. 만약 프리랜서 번역가가 되지 않았더라면, 저는 꽤 다른 삶을 살았을 것 같습니다. 꽤 다른 사람이 되었을 것 같습니다. 그것은 회귀나 환생 정도는 해야만 상상할 수 있는 영역입니다. 일이 이만큼 중요한 요소가 되는 게 바람직한가는 별문제로 하고요.

*

저는 2004년부터 이 일을 시작하여 현재 19년 차가 된 48세 번역가입니다. 그동안 100여권의 영어책을 우리말로 옮겼습니다. 한해에 여섯권씩 옮긴 셈이네요. 주로 과학책이 많았지만, 에세이와 소설과 어린이책도 더러 있었습니다.

이쯤에서 짚어두자면, 제가 프리랜서의 업무 및 생활양식을 대표한다고는 말할 수 없습니다. 프리랜서는 '일정한 소속 없이 자유 계약으로 일하는 사람'이라고 정의됩니다. 프리랜서라도 조직을 꾸려 일하는 사람도 있고, 출퇴근하며 일하는 사람도 있습니다. 제가 번역가를 대표한다고도 말할 수 없습니다. 단행본 번역가 외에 실용 문서를 옮기는 산업 번역가가 있고, 드물게 특정 조직에 소속되어 일하는 번역가도 있습니다. 영상 번역가도 있고, 잡지 번역가도 있습니다. 따라서 제가 알고 겪은 영역은 극히 좁다는 것, 이 글에서 저는 그저 제 이야기를 할 뿐이라는 점을 굳이 밝혀둡니다.

저는 우선 출퇴근 없이 집에서 일합니다. 단행본 번역에는 평균 두세달이 걸리므로, 몇달 단위로 하나씩 프로젝트를 진행하는 셈입니다. 보통 출판사로부터 의뢰를 받고, 조건을 의논하고, 계약서를 작성하면 일이 시작됩니다. 그다음에는 마감일 내에 번역 원고를 건네면 됩니다. 그 사이에 제가 어떤 방식으로, 어디에서, 어느 시간에 작업하는가는 전적으로 제 재량입니다. 어떤 책을 고를지, 번역료와 기간을 어떻게 협상할지, 프로젝트를 몇개나 줄 세워둘지도 제가 정합니다. 프리랜서는 이처럼 대체로 업무 자유도가 높지만, 뒤집어 말하면 모든 사항을 스스로 판단해야 하고, 책임을 나눌 사람이 없으며, 보통 동료나 노조의 도움을 기대할 수 없는 상태로 시장에서 활동해야 한다는 뜻입니다. 애초에 시장이 자신의 서비스를 구입하도록 만드는 것부터가 프리랜서에게는 일입니다. '프리랜서로서 어떻게 잘 살아남을 것인가'가 궁금한 분은 『프리랜서로 일하는 법』이다혜 지음, 유유 2021을 비롯하여 현실적인 조언을 담은 책이 많이 나와 있으니

참고하시면 좋겠습니다.

저는 또 혼자 일합니다. 물론 계약부터 출간까지 출판사의 편집자와 모든 문제를 함께 의논하지만, 그 밖의 업무 관계는 없다시피 합니다. 세어보니 그동안 마흔곳의 출판사와 '자유 계약'을 맺고 일했군요. 함께한 편집자는 적어도 쉰명이 넘을 겁니다. 하지만 자주 만나거나 할 필요는 없는 작업입니다. 게다가 저는 25년째 혼자 살고 있어서, 대단히 깊은 수준의 '혼자'입니다.

*

제게도 다른 길을 걸을 기회는 있었어요. 학교를 졸업한 직후에는 두군데 직장을 7년 가까이 다녔습니다. 처음에는 신문사의 취재 기자였고, 다음에는 인터넷 서점의 상품(책) 소개 및 판매 담당자였습니다. 직장을 다니던 중 아는 분의 소개로 번역을 시작해서, 낮에는 출근하여 일하고 밤에는 집에서 번역하는 생활을 2년쯤 했습니다. 그러다가 전업 번역가가 되기로 결심하여 퇴사했지요.

애쓴다면 직장인으로 계속 살 수도 있었고, 프리랜서가 된 뒤에도 두어차례 다시 직장인이 될 기회가 있었습니다. 그 길을 마다한 것이 잘한 짓이었나 하는 의문은 요즘도 수시로 찾아들어요. 그래서 앞에서 말했듯 종종 제 인생의 회귀물을 상상해보곤 합니다만, 저는 프리랜서 번역가가 되기로 결정했던 이유가 상당히 뚜렷했고 지금도 그 조건이 달라지지 않았기 때문에, 앞으로 또 갈림길을 만나더라도 아마 같은 선택을 할 것 같습니다.

제가 프리랜서 출판 번역가를 선택하고 근 20년째 그 선택을 만족스럽게 여기는 이유는 이렇습니다. 우선 저는 혼자 하는 일을 확고하게 원했습니다. 그리고 제가 이토록 깊은 수준의 '혼자'를 잘 견딜뿐더러 즐기리라는 것을 확실히 알았습니다. 그 대가로 다양한 사람들과 협력하고 경쟁하는 재미, 관계로써 세상을 넓히는 만족감을 희생해야 하리라는 것도 알았습니다.

또 출판 담당 기자와 인터넷 서점 판매자로 일했던 경험 덕분에, 이 업계(출판계)의 현황을 비교적 잘 알았습니다. 어떤 출판사가 어떤 책을 내나, 독자들이 어떤 책을 읽나, 책에 관한 정보는 어떻게 찾으면 되나 등등을 아는 것은 앞으로 혼자 뛰어야 할 경기장의 지형을 파악하는 데 도움이 된 것은 물론이고 선수로서 제 능력, 위치, 가능성을 최대한 객관적으로 평가하는 데도 도움이 되었지요.

그리고, 조직에서 긴요한 역할을 맡으며 보상과 더불어 커가는 것도 좋겠지만, 그보다는 제가 혼자서도 발휘할 수 있는 능력을 연마함으로써 갈수록 더 잘할 수 있는 일을 하고 싶었습니다. 그러면 좀 느리고 규모가 작더라도 더 오래 일할 수 있을 거라고 생각했어요. 지금도 제 목표는 70세까지 현역으로 일하는 것입니다. 점점 더 잘하면서요.

제 경우에 비춰 생각해보면, 여러분 중 혹 프리랜서의 길을 밟(으려)는 분들은 어느 정도 저와 비슷한 동기를 품고 계실 듯합니다. 혼자 주도적으로 자신의 것을 만들고 싶다는 동기, 그럴 결심이 설 만큼 분야를 파악하고 있다는 자신감. 그런데 솔직히 말하자면, 제가 프리랜서의 삶을 후회하지 않는 이유 중 제일 큰 것은 프리랜서가 아닌 삶을 살아보았던 경험입니다. 단순히 출퇴근이 얼마나 힘들었나를 똑똑히 기억한다, 이런 이야기가 아니에요. 내가 가지 않을 길에 대한 미련을 확실히 떨치려면, 약간 체험해보는 것도 좋습니다. 자신이 일에서 바라는 조건이 무엇인지를 훨씬 더 명료하게 깨달을 수 있어요.

이렇게 이야기하니 마치 제가 고도의 이성을 발휘하여 딱 알맞은 직업적 선택을 하고는 한순간도 후회하지 않는 것처럼 들리지만, 그럴 리가 있나요. 프리랜서 고유의 어려움이 있습니다. 따로 인간관계에 공을 들이지 않으면 쉽게 고립된다는 문제, 동업자들의 네트워크가 그냥 주어지는 게 아니기 때문에 시장에서 통용되는 자신의 가치를 알기 어렵다는 문제.

그런데 뭐니 뭐니 해도 가장 현실적인 문제는 매일의 업무시간을 조직하는 문제입니다. 저는 그랬어요. 출근하라고 깨우는 사람도 퇴근하라고 알려주는 사람도 없는 생활. 일하는 공간에서 다섯발자국만 걸어가면 잠자는 공간이 나오는 생활. 매일 꼭 해야 할 일의 분량이 있는 건 아니지만 석달 뒤에는 반드시 제출할 성과가 나와야 하는 생활. 아무도 내게 업무 일지를 쓰라고 요구하지 않는 생활. 그래서 높은 자유도를 만끽하다가도, 내게 그 자유를 효율적으로 다스릴 자기주도성이 결여된 건 아닌가 싶어서 가끔은 도리어 구속을 바라게도 되는 생활.

이런 생활 속에서 어떻게 하면 효과적으로 일할 수 있을까요? 엄벙덤벙 마음 가는 대로 일하는 것도 하루 이틀이지요. 그래서 저는 나름의 시간 관리 방법을 마련했습니다. 그 방법은 제가 프리랜서로 입문하고 자리 잡고 유지하는 데 가장 훌륭한 도구가 되어주었어요. 그 이야기는 다음 글에서 이어서 하도록 하지요.

지금도 제 목표는

70세까지 현역으로 일하는 것입니다.

점점 더 잘하면서요.

02

KMN 작업법

조금은 기대하셨나요? '얼마나 획기적인 시간 관리 방법을 알려주나 두고 보자!' 하고요. 제가 프리랜서 출판 번역가로 근 20년을 일하면서 의지한 시간 관리 방법을 소개하겠다고 했지요. 자, 어이없을 정도로 간단한 그 방법은 이렇습니다.

한마디로 요약하자면, 이것은 40분간 집중해서 일한 뒤 20분 간 쉬는 과정을 반복하는 방법입니다. 이때 40분＋20분의 한 주기를 'KMN'이라고 부를 거예요. KMN은… 제 이름(김명남)의 영문 이니셜입니다. 쑥스럽군요. 하지만 이 방법의 사용자(들)께서 애정을 담아 지어준 이름이라, 뻔뻔하게 밀고 있습니다.

40분＋20분 작업법

1) 하루에 몇 KMN을 하겠다고 정한다(예: 8KMN)

2) 쪽지에 그 횟수만큼 숫자를 쓴다(예: ①②③④⑤⑥⑦⑧).

3) 몇시든 좋으니 정각에 자리에 앉는다(예: 오전 10시).

4) 40분 후 알려주도록 설정된 타이머를 켠다.

5) 40분간 집중해서 작업한다.

6) 타이머가 울리면 무조건 일어난 뒤, 1KMN을 했다고 표시한다

　(예: ❶②③④⑤⑥⑦⑧).

7) 20분 쉰다.

8) 다시 정각이 되면(예: 오전 11시) 무조건 자리에 앉는다.

9) 4)~8)을 목표 횟수만큼 반복한다(예: ❶❷❸❹❺❻❼❽).

10) 하루 일을 마감한다(예: 오후 6시).

"애개" 싶게 간단하지요? 그렇다고 실행이 쉽진 않습니다.
이 방법은 다음 사항들을 잘 지켜야만 의미가 있습니다.

40분＋20분 작업법에서 주의할 사항

1) 일할 때 철저히 집중합니다.

2) 쉴 때 철저히 쉽니다.

3) 복잡한 도구에 의존하지 마세요.

4) 가급적 정각에 시작하세요.

5) 하루에 10KMN 이상 하지 마세요.

1) 일할 때 철저히 집중하기: 40분간 다른 일은 아무것도 하지 마세요. 저는 전화가 와도 안 받고, 문자도 확인하지 않습니다. 문자나 메일이 오면 그걸 당장 보고 답해야 할 것 같죠. 하지만 세상에 겨우 몇십분을 미룬다고 해서 큰일 날 일은 거의 없습니다. '도서관에 대출 연장하는 걸 깜박했네' 하는 생각이 들면, 옆에 둔 종이에 '도서관 대출 연장'이라고 메모하고 넘어가세요. 메모한 순간 머릿속에서는 비워질 테고, 그 일 자체는 쉬는 시간에 하면 됩니다. 다른 문제에 대한 생각이나 활동을 조금이라도 허용해서는 안 됩니다. 집중은 자리에 앉는다고 자동으로 되는 게 아니죠. 몸과 마음이 집중하는 데 길들도록, 한동안은 집중에 집중해야 합니다. 가령 점심을 먹고 나서 다시 앉았을 때 같은 상황에서는 누구나 이전보다 집중하기가 어렵죠. 어려워도, 애쓰면서 40분을 지킵니다.

2) 쉴 때 철저히 쉬기: 타이머가 쉴 시간을 알리면, 자리에서 벌떡 일어나세요. 작업 공간을 박차고 일어나서, 20분간 다른 일을 하세요. 40분간 집중하느라 굳은 몸을 스트레칭으로 풀어주세요. 또는 집안일을 하거나, 문자를 확인하세요. 중요한 건 반드시 쉰다는 점입니다. 사실 일이 잘될수록 중단하기가 어렵습

니다. '리듬 탔을 때 더 해야 하는데' 싶죠. 그래도 쉬어야 합니다. 일을 하루만, 일주일만, 한달만 바짝 하고 말 것이라면 좀 무리해도 되겠지요. 저도 벼락치기라면 남부럽지 않게 해봤습니다. 하지만 이것은 직업인으로서 평소의 업무를 계획하는 방법입니다. 가끔은 어렵사리 엉덩이를 떼고 일어나도 머릿속에 일 생각이 가득할 때가 있죠. '이런 사례를 끼워 넣으면 더 좋은 글이 될 것 같아' 하는 아이디어가 하필 쉬는 시간에 떠오릅니다. 그래도 도로 앉지 마세요. 차라리 20분간 스트레칭을 하면서 머릿속으로 그 아이디어를 계속 굴리세요. 번뜩 무슨 생각이 들었다고 매번 도로 앉아버리면 영영 못 쉽니다. 당장 쏟아내야 할 것 같은 마음으로 쏟아낸 작업이 나중에 만족스러운 경우도 드뭅니다. 오히려 뭘 빼먹기 쉽습니다. 휴식도 애써야 합니다. 일을 했다 말았다 덜컹덜컹하는 게 아니라 고삐를 바투 쥐었다 슬쩍 풀었다 하는 거라고 생각하세요.

3) 복잡한 도구에 의존하지 말 것 : 요즘은 시간 관리에 특화된 스마트폰 애플리케이션이 아주 많습니다. '포레스트' 앱처럼 집중한 시간에 대한 보상을 제공하여 재미를 느끼게 하는 앱도 있고, 타이머/스톱워치 기능에 기록 기능을 덧붙인 앱도 많습니

다. 그런데 저는 최대한 단순한 타이머와 기록 도구를 쓰시라고 권합니다. 집중하려고 도구를 쓰는 것인데, 그 도구가 목적에 앞서서는 안 됩니다. '타이머 소리를 들으면 무조건 일어난다' 이상으로 복잡한 인지나 조작을 요구하는 수단은 장기적으로 본말전도가 되기 쉽습니다. 목표한 KMN 횟수를 하나씩 지워가는 것만으로도 성취감은 얼마든지 느낄 수 있어요. 저는 손으로 기록합니다. 메모 앱 등도 시도해봤지만, 과하다고 판단했습니다. 물론 작업 내용까지 더 꼼꼼하게 기록해야 하는 사람은 더 세련된 도구를 써야 하겠지만, 그렇지 않은 경우에 굳이 '발전된' 생산성 관리 도구를 쓰는 데 집착할 필요는 없다고 생각합니다. 손으로 쓰는 것도 기술입니다. 오래되고 검증된 기술입니다. 그보다 더 세련된 기술을 써야 할 필요가 생기면 그때 배우면 됩니다. 제 생각이지만, 수단에 필요 이상 공을 들이면 일에 집중하지 못합니다.

4) 가급적 정각에 시작할 것: 위의 3)과 연결되는 이야기입니다. 물론 굳이 정각에 시작하지 않아도 되고, 사실은 꼭 40분 +20분으로 한시간 주기를 따르지 않아도 됩니다. 하지만 이렇게 하는 편이 흘러간 시간과 남은 시간을 가장 쉽게 파악할 수

있습니다. 이건 긴 설명이 크게 와닿지 않을 테고, 직접 한번 시도해보시면 체감하실 수 있는 요소입니다.

5) 하루에 10KMN 이상 하지 말 것: 예시에서처럼 하루에 8KMN을 하면, 실질 업무시간은 5시간 20분 아니냐고요? 맞습니다. 하지만 하루 8시간 근무하는 회사원의 실질 업무시간은 보통 이보다 더 짧을 겁니다. 20분의 휴식도 일한 시간으로 헤아리세요. 이 작업법은 하루의 업무를 잘 계획하기 위한 방법인 동시에 그보다 더 장기적으로 한달, 1년, 10년, 평생의 업무를 계획하기 위한 방법입니다. 오늘 12KMN을 하면 내일은 4KMN밖에 못하기 쉽다는 걸 잊지 마세요. 그보다는 오늘 8KMN을 하고 내일도 8KMN을 하는 식으로 고르게 가는 편이 총 시간은 같더라도 장기적으로 지속 가능한 리듬입니다. 집중력도 체력이고, 체력은 화수분이 아니니까요.

*

'이거 '뽀모도로 작업법' 아니야?' 하신 분이 틀림없이 계시겠죠! 맞아요. '뽀모도로 작업법'이 25분+5분 주기를 기본으로 삼는다는 점이 다를 뿐, 나머지는 같습니다. 뽀모도로 작업법의 '창시자'가 복잡한 도구에 의존하지 말라고 말하는 점까지도 저와 생각이 같습니다. 저는 전업 프리랜서가 되고서 제 상황에 맞게 일하다보니 'KMN 작업법'을 더듬더듬 만들어낸 것인데, 이게 알고 보니 보편적인 발상이더라고요.

'KMN 작업법'을 남에게 처음 말한 건 2015년, SNS에서였어요. 그런데 반쯤 농담으로 적은 글이 이후 몇 년 동안 계속 읽히더라고요. 그래서 2019년 제 블로그에 더 자세하게 긴 글을 썼습니다. 이 글은 그 포스팅을 바탕으로 한 것이고, 글에는 시시콜콜한 '팁'과 제 체험담이 더 많이 담겨 있으니, 흥미가 동하면 한번 검색해보세요.

지난 7년 동안, 많은 분들이 제게 이 방법을 써본 후기를 들려주셨어요. 흐물흐물 흘려보내던 시간을 구조화할 수 있어서 좋았다는 분도 있었고, 자신이 쓰던 방법과 비슷한데 그걸 정리해서 보니 개선점을 알 수 있어서 좋았다는 분도 있었고, 50분＋10분이나 30분＋10분 등 조절해서 쓰니까 더 좋았다는 분도 있었습니다. 일에 집중하는 데 도움이 되었다는 분이 있는가 하면, 거꾸로 쉴 시간을 내게 되어서 좋았다는 분도 있었어요. 저마다의 응용법을 듣는 게 얼마나 재미있었는지 모릅니다.

제가 프리랜서를 대표하지 않는 것처럼, 제 시간 관리법이 모든 프리랜서에게 알맞지는 않을 거예요. 실제로 그런 소감도 많이 접했습니다. 애초에 이런 제약을 따를 수 없는 작업도 많거니와, 성격상 맞지 않는다는 분도 많았어요. 하지만 언젠가 쓸모가 있을지도 모르죠! 자신은 아니지만 공부하는 학생에게 알려주었다는 분도 있었어요. 이 글을 읽는 분들의 후기도 궁금합니다.

인간이 주의력을 지속할 수 있는 시간은 얼마일까요? 개인차가 크겠지만, 성인이라면 최대 40분이 가능하다고 합니다. 그렇다면 우리가 얼마 만에 한번씩 쉬어주면 좋을까요? 정답은 없겠지만, 스마트폰 활동 앱에 보통 한시간에 한번씩 자리에서 일어나서 몸을 움직이라고 알려주는 기능이 있는 걸 참고할 만합니다. 그래서 저는 'KMN 작업법'이 제법 과학적인 방법이라고 농담하곤 한답니다. 무엇보다 제게 이 방법이 마라톤 같은 십수 년의 프리랜서 생활에서 믿음직한 기댈 구석이었다는 사실은 분명합니다. 여러분도 맞춤옷 같은 시간 관리법을 구축하시길 바라는 마음으로 글을 맺습니다.

연구자의
동기 부여법

심 채 경   국내에 몇 없는 행성과학자이자 천문학자로, 현재 한국
천문연구원 선임연구원으로 있다. 지은 책으로 『천문
학자는 별을 보지 않는다』, 옮긴 책으로 『우아한 우주』
등이 있다.

01

사소한 성공의 징검다리

저는 연구자입니다. 대학에서 천문학의 한갈래인 행성과학을 전공했고, 전공을 살려 정부출연연구소에서 일하고 있습니다. 이학박사이기도 합니다. 어디 나가서는 박사학위 그런 거 운전면허 같은 거라고, 학위가 중요한 게 아니라 박사가 된 뒤에 얼마나 잘하느냐가 더 중요하다고 너스레를 떨지만, 스스로는 잘 알고 있습니다. 그런 건 박사가 된 다음에나 할 수 있는 말이라는 것을요. 천문학자로 살려면 박사학위가 있는 편이 유리합니다. 다시 말하자면, 대개는 20대의 시간 대부분 혹은 그 이상을 대학원에서 보내야 합니다. 제 경우는 '그 이상'의 시간이었습니다.

대학원 생활은 길고 지루했습니다. 이유는 많았어요. 우선 저는 천재가 아니었고, 학위를 받으려면 강의를 듣는 것 외에도 해야 할 일이 많고 알아야 할 것이 많았습니다. 오늘 공부한 만큼의 성취가 오늘 다가오는 일 같은 건 결코 일어나지 않았고요.

아무리 해도 제자리인 것만 같은 날들의 연속이었어요.

모르지는 않았습니다. 성과는 노력에 선형적으로 비례하지 않는다는 걸요. 특히 공부의 성과는 계단식으로 옵니다. 물이 끓을 때 겉으로는 별일 없어 보이다가 어느 순간 끓어오르는 것처럼 아무리 노력해도 매양 제자리걸음인 듯하다가 어느 순간 쑤욱 성장하는 시기가 오죠. 그 점핑의 희열을 대체 언제 맛볼 수 있을지, 그건 아무도 모릅니다. 혹시 그런 순간이 영영 오지 않는다면 어쩌죠? 그 순간이 오기 전까지는, 내가 불을 지피고 있는 것이 가정용 인덕션인지 영업용 가스레인지인지 캠핑 초보의 화로 속 덜 마른 장작인지를 도통 알 길이 없습니다. 혹시 불을 붙이기가 무섭게 푸슈슉, 꺼져버렸는지도 모르죠. 누군가 나의 노력에 미터기를 달아준다면 얼마나 좋을까요? 오늘은 7노력을 했구나, 어제보다 2노력 부족했으니 내일 꼭 보충하렴, 하고 누군가 말해준다면 조금 더 견디기 쉬울까요?

*

어떤 대학원생 이야기를 들었습니다. 학회에서 자신의 연구 내용을 발표할 때 외적인 부분까지 상당히 신경을 쓴다는 겁니다. 학회에서는 세미나실 시간을 배정받아 짧은 강연으로 연구 결과를 발표하기도 하고, 자신의 성과를 포스터로 만들어 걸어 놓고 발표하기도 합니다. 포스터 발표장에 가면 줄줄이 서 있는 패널에 붙여 놓은 각자의 포스터 앞에 선 발표자들이 오가는 사람들에게 자신이 준비한 걸 설명해주죠. 소식의 주인공인 그 학생은 포스터 자체를 성심껏 디자인할 뿐만 아니라 포스터와 비슷한 색상의 옷을 입거나 자신의 그래프를 형상화한 소품을 준비한답니다. 자신의 포스터를 꼭 닮은 차림으로 서 있는 발표자를 그냥 지나치기는 어려울 겁니다. 연구 내용 설명을 청하기도 하고, 아직 학생이라 부족한 점을 해결할 힌트가 될 만한 아이디어를 주기도 합니다. 많은 이의 관심을 끌고 최선을 다해 발표하는 인상적인 모습을 보인 덕분에 그 학생은 '우수 포스터상'을 여러차례 받았다고 합니다. 아마 그건 학술 발표라기보다는 퍼포먼스, 공연, 행위예술의 경지라고 봐야 할지도 모릅니다.

연구자에게 발표 능력이 중요하기는 하지만 발표를 잘하는 것과 좋은 연구자가 되는 것이 온전히 같은 목표를 지향한다고는 할 수 없습니다. 대중과 소통하는 과학 커뮤니케이터가 되고 싶은 게 아니라면 연구하기도 부족한 시간에 그래프를 닮은 소품 만들기에 에너지를 쏟는 것은 낭비일지도 모릅니다. 우수 포스터상이 밝은 미래를 보장해주는 것도 아니니까요. 하지만 고되고 지루한 대학원생의 일상 가운데 잊지 못할 즐거운 사건임에는 틀림없습니다. 다른 연구자들은 시간이 좀 지난 뒤에도 그 학생을 쉽게 기억해낼 겁니다. 그리고 무엇보다도 무언가 '해냈다'는 감각, 도전하고 이루어낸 경험을 갖게 됩니다. 그 기억으로 또 하루, 어쩌면 몇주, 어쩌면 몇달을 더 버텨볼 수 있습니다. 다시 지쳐갈 즈음 열정을 불태우기 위해 필요한 또다른 재료를 찾아낼 원동력을 얻습니다.

저는 포스터를 닮은 옷차림 같은 걸 준비하지는 않지만 1년에 한두번 열리는 정기 학회에 발표 신청하는 시기가 되면 적극적으로 고민합니다. 뭐라도 발표할 것을 만들어보려고 머리를 쥐어짭니다. 자랑할 만한 연구 성과가 있을 때는 신이 나서 발표를 신청하지만 아직 결과가 신통치 않으면 이번 학회는 그냥 넘겨야겠다는 생각이 들게 마련입니다. 그럴 때면 내세울 만한 것이 하나도 없다는 생각에 자신감이 떨어집니다. 그런 식으로 몇번의 학회에 연달아 불참하다보면 나는 대체 뭘 하고 있는 것인가 하는 자책감과 자괴감의 늪에 빠지기가 쉽습니다. 그럴 때는 일단 학회에 발표 신청을 해보는 것도 좋습니다. 아직 설익은 내용이라도, 나의 부족함이 드러날까봐 부끄럽더라도, 한번 최선을 다해봐야 합니다.

발표가 모든 면에서 완벽할 필요는 없습니다. 내용에 자신 없으면 발표 자료 디자인에 힘을 좀 줄 수도 있고 아나운서 톤으로 말하는 연습을 할 수도 있습니다. 대본을 달달 외워서 정해진 발표 시간을 딱 맞추거나 관련된 동영상 자료를 멋진 걸로 하나 준비해서 청중의 이목을 집중시킨다는 목표를 삼는 것도 좋습니다. 중요한 것은 발표가 끝난 뒤 어떤 성취감을 느끼는 것입니다. 그것이 어떤 종류든 간에 우리는 사소한 성취라도 느껴야 큰 목표를 향해 계속해서 나아갈 수 있습니다.

저는 그런 것을 '사소한 성공의 징검다리'라고 부릅니다. 원대한 목표에 도달할 때까지 아직 끓지 않고 단속적으로 부글거리기만 하는 상태로 기약도 없는 세월을 보내야 한다면 지향점에 이르지 못하고 부아가 먼저 끓어오르거나 제풀에 지쳐 놓아버리게 됩니다. 그런데 말이죠, 넓은 개울을 한걸음에 건널 수는 없지만 징검다리가 놓여 있다면 그저 작은 걸음을 하나씩 떼는 것만으로도 목표지점에 도달할 수 있습니다. 다음 징검다리가 너무 먼 곳에 놓이지 않도록, 나 자신이 지쳐 쓰러지기 전에 스스로에게 다음 징검다리를 놓아주어야 합니다. 더이상 징검다리를 놓을 재료마저 없다면 다른 곳에서 조달할 수도 있습니다.

헬스장이나 필라테스 학원에서 성취감을 느낄 수도 있고, 가족에게 멋진 요리를 해줄 수도 있습니다.

*

언제 졸업할 수 있을지, 졸업이란 걸 할 수는 있을지 자꾸만 물음표가 달리던 어느 날, 컴퓨터활용능력시험을 보러 갔습니다. 천문학자가 되려는 사람의 이력서에는 논문 실적이 중요하지 그런 자격증은 적을 필요도 없습니다. 하지만 보러 갔습니다. 응급상황이었거든요. 모든 에너지가 빠져나가서 금방이라도 껍데기만 남은 채 폭삭 주저앉게 될 것만 같은 날들이 계속되고 있었어요. 허구한 날 수식을 코딩하고 그래프를 그리는 이공계 대학원생에게 컴퓨터 활용능력이란 굳이 자격증 같은 걸 따서 증명할 필요도 없는 기본 소양입니다. 그리고 저는 어린 시절, 모니터가 흑백이었을 때부터 컴퓨터와 친하게 지내왔어요. 그래서, 바로 그 때문에 시험을 보러 갔습니다.

스스로를 칭찬할 일이 있은 지가 너무 오래여서, 무언가를 성취해본 지가 너무 오래되어서, 좋은 점수라는 걸 받고 싶었거든요. "아무리 해도 나는 안 되나봐"라는 늪에 빠져 더이상 허우

적거릴 힘도 남아 있지 않은 응급상황, 저 스스로에게 내린 긴급 처방이었습니다.

컴퓨터활용능력시험이 아니었다면 초등학생들 틈에 앉아 한자능력시험 8급 시험을 봤을지도 몰라요. 중요한 건 그게 뭐가 되었든 내가 잘해낼 수 있을 당장의 구체적인 목표가 필요했다는 겁니다. 그리고 내가 그런 알량한 성취라도 원하고 있음을 인지한다는 것, 그걸 해결하기 위해 뭐라도 했다는 것. 그게 중요했습니다.

나의 목숨을 살려만 준다면, 포기하지 않고 계속하는 데 도움이 된다면, '기적의 정신승리'라는 징검다리도 부끄럽지 않습니다. 주변의 돌이란 돌을 최대한 그러모아 나 스스로 만들어낸 발걸음 하나니까요. 비틀거리다 발을 헛디뎌 물에 빠져버릴 뻔한 나 자신을 살려냈으니까요. 다음 번엔 조금 더, 그다음 번엔 조금 더 크고 멋진 돌을 놓으면 됩니다. 크고 멋진 돌들 사이에 작은 돌들이 앙증맞게 놓여 있는 것도 좋겠지요. 어느 날 돌 틈에서 잡초 한포기가 무심한 듯 올라올지도, 풀꽃 한송이가 피어날지도 모릅니다.

때로는 다음 디딤돌을 만들기 위해서 고군분투하느라 한발짝도 앞으로 나가지 못할 때도 있을 것입니다. 그래도 괜찮아요.

제자리걸음도 걸음이니까요.

그렇게 크고 작고 번듯하고 울퉁불퉁한 돌들이 잔뜩 놓인 징검다리를 따라 걸으며, 성공으로 가는 사소한 징검다리를 끊임없이 놓으며, 우리는 개울도 진흙탕도 무사히 건널 겁니다.

포기하지 않고 계속하는 데 도움이 된다면,
'기적의 정신승리'라는 징검다리도
부끄럽지 않습니다.

02

가지 않은 길

　제게는 나이로는 두살 위, 학년으로는 세 학년 위의 언니가 있습니다. 어린 시절, 언니의 삶은 곧 미래의 제 삶인 듯했어요. 언니가 입던 옷을 입고 언니가 쓰고 남은 공책에 필기를 하고 언니의 리듬악기를 물려받곤 했죠. 몇년 후에 입을 옷이 정해져 있는 삶이었어요. 항상 제가 가는 길 한발짝 앞에 손전등이 비춰져 있는 기분으로, 그저 지정된 길을 그대로 밟아나가는 게 인생인 듯했어요.

　중학교를 진학할 때도 마찬가지였어요. 중학교 지망 순위를 적는 종이를 앞에 두고 고민 없이 언니가 다니는 학교를 1지망에 적고, 다음으로는 집에서 가까운 학교부터 2, 3, 4지망에 적었어요. 제가 입학하면 언니는 이미 졸업한 뒤니까 교복도 물려 입게 될 거라 생각했습니다. 헌데 예측 가능했던 저의 삶에 이변이 찾아왔어요. 4지망 학교에 배정받고 말았죠. 그 학교는 꽤 멀리 떨어져 있었어요. 초등학생이던 저로서는 한번도 가본 적 없는 곳이었습니다. 세상의 끝에 홀로 떨어진 느낌이었달까요.

아뿔싸, 제가 지독히도 운이 없는 편이라는 걸 잊고 있었어요. 저는 불량품을 그렇게 잘 사 온답니다. 특히 책을 살 때 파본을 잘도 쏙쏙 뽑아 오는 특기가 있어요. 몇장의 귀퉁이가 접혀 있거나, 종이 두장의 한쪽 끝이 서로 붙어 있거나, 몇 페이지에 인쇄가 겹쳐 있거나, 아예 몇장은 인쇄되지 않아 백지인 책들을 저는 잘도 고릅니다. 서점에서 멀쩡한 책으로 바꿔 올 텐데, 꼭 집에 도착한 뒤에 발견합니다. 심지어 인터넷서점에서 주문하거나 선물받은 책도 종종 그렇습니다. 그런 지독한 뽑기 운을 가진 자라면 네개의 중학교 중 4지망에 배정될 가능성이 남들보다 유독 높다는 점을 간과하는 바람에, 배정 결과를 받아들고는 망연자실했습니다.

학교는 집에서 버스로 이삼십분 거리에 있었습니다. 직전 해에 새로 생긴 곳이라 언니 친구들에게 학교 분위기를 전해 들을 수도 없고 같은 중학교에 진학하는 초등학교 동창도 몇 없었으니, 그야말로 낯선 황무지에 홀로 떨어진 기분이었습니다. 그때였어요. 내 인생은 언니의 그것과는 사뭇 달라질 거라는 막연한 예감이 싹튼 것은.

인생을 다르게 살기 시작했습니다. 내 삶은 더이상 당연하고 뻔한 방향으로 흘러가지 않을 거라는 그 막연한 예감을 수용했습니다. 나는 어쩌면 다른 삶을 살게 되리라는 것을, 나 자신이란 누구와도 다른 유일하고 고독하고 흥미로운 존재라는 것을 의식적으로 인지했습니다. 그 존재를 관찰하고 탐색하고 그 존재의 목소리에 귀 기울였습니다. 일기를 자주 쓰고, 주변 사람들의 삶과 제 삶을 분리해서 바라보기 시작했습니다.

새로운 땅에서 혼자 뿌리를 내리려면 내가 어떤 존재인지 잘 알아야 합니다. 토마토와 보리와 고구마와 포도를 키우는 방법이 제각각 다르듯, 내가 어떤 인간인지 면밀히 살펴야 나 스스로를 잘 키울 수 있습니다. 금세 쑥쑥 자라 높이 성장하는 대나무가 아니어도 괜찮습니다. 예쁜 꽃을 피우는 벚나무가 아니어도 괜찮습니다. 대체 불가능한 쌀벼가 아니어도 괜찮습니다. 쑥을 소나무처럼 키우거나 토끼풀을 목련처럼 틔우려 애쓰며 한탄할 필요는 없는 거죠. 쑥도 토끼풀도 그 자체로 귀하고 사랑스럽고 강하고 멋진 존재니까요.

다른 도시에 있는 고등학교에 입시원서를 쓸 때, 가족과 친구들의 예상을 깨고 이과를 선택할 때, 망원경이라고는 가까이서 본 적도 없으면서 대학에서 천문학을 전공하기로 결심할 때, 박사학위를 받자마자 다른 연구 주제에 뛰어들 때, …… 그럴 때마다 4지망 중학교를 떠올렸습니다. 주체적인 변화와 확장의 한 편은 언제나 실패로 얼룩지곤 했지만, 그 얼룩도 나의 일부임을 인정했습니다. 그러고 나면 다 괜찮았습니다.

※

높은 산에 오를 때나 깊은 숲속을 걸을 때 이정표가 필요한 것처럼 삶을 살아가는 데에도 수많은 이정표가 필요합니다. 그런데 인생길을 걷다 만나는 모든 화살표가 내 것은 아닙니다. 정상으로 갈 사람은 이쪽으로, 둘레길을 걸을 사람은 저쪽으로. 이정표도 취사선택해야 합니다. 화살표가 보이는 족족 분별없이 따라가다가는 코딩을 잘못한 로봇마우스처럼 이상한 데서 뱅글뱅글 돌다 배터리만 소진하거나 책상 아래로 떨어지는 수가 있습니다.

멘토는 좋은 이정표가 될 수 있지만 멘토의 모든 면이 내게 좋은 자양분이 되는 것은 아닙니다. 언니와 저의 삶은 다른 방향으로 다르게 펼쳐지고 있지만 제게 언니는 평생의 멘토이기도 합니다. 다만 언니의 삶이 만들어낸 모든 화살표를 제가 맹종할 필요는 없을 겁니다. 가족뿐 아니라 사회에서 만나는 롤모델, 멘토의 경우도 그렇습니다.

저처럼 남초사회에서 일하는 사람에게 여성 선배란 막연한 동경의 대상입니다. 살아남은 것도 멋져 보이는데 꽤 성공하기까지 한 이름난 여성 과학자들을 가끔 먼발치에서 바라보며 찬탄합니다. 저는 맞벌이하며 아이들을 키우고 있기 때문에 엄마 과학자의 길을 먼저 걸어간 분들에게도 자연스레 관심이 갑니다. 그런데 어쩌다 그런 존경스러운 분들과 연이 닿아 가까이 다가가보면, 모든 면이 다 멋진 것은 아니었습니다. 멀리서 보나 가까이서 보나 한결같은 사람도 있지만, 주변 사람들을 수족처럼 부리면서 자신을 위해 모두가 협조하는 것이 당연한 의무인 양하는 사람도 있고, 남초사회에서 지나치게 고군분투한 탓인지 유사남성처럼 구는 사람도 있더군요. 어떤 '엄마' 선배는 어린 여성 후배들이 자신의 집에 초대받는 것을 영광으로 여긴다는 사실을 이용해, 바쁠 때 그들을 집에 불러다 아이를 돌보게 하고는 자신은 방에 들어가 일만 하는 사람도 있었습니다. 그냥 저와 다른 분도 있었죠. 해외 출장길에 젖먹이 아이를 데려가 모유수유도 하고 일도 하려면 아이돌보미도 데려가라는 해법을 내놓는 분처럼요.

그런 사람들의 노하우를 모두 따라할 수는 없었습니다. 그렇게 살고 싶지는 않아서, 좋은 방법 같지만 제가 실행하기엔 필요한 배경이 갖춰져 있지 않아서, 하는 일의 분야가 다르니 해법도 달라서, …… 그런 벽을 만나면 실망하고 좌절했습니다. 그 사람은 할 수 있었지만 저는 할 수 없는 일들이 있다는 게 마치 저는 그 사람처럼 성공하기는커녕 이 분야에서 살아남기도 글렀다는 표식인 것처럼 확대해석하며 괴로워했습니다.

그런데 그럴 필요가 없더군요. 산을 오르고 둘레길을 걷는 사람들처럼, 내가 가는 길에 도움이 되는 화살표만 취하면 그만이었습니다. 정상으로 가려는데 저쪽 능선을 안내하는 이정표가 있다고 해서 화를 내며 팻말을 뽑아버리거나 '나는 정상을 밟지 못할 것 같아' 하며 주저앉을 필요는 없듯이 말입니다.

멋진 '언니'들과의 만남은 관광지 코스마다 놓여 있는 기념 스탬프 같다는 생각을 합니다. 관광지의 기념 도장을 한번 찍었다고 해서 그곳을 샅샅이 돌아본 것은 아닙니다. 그곳의 지명 유래나 역사적 사건에 대해 다 알아야 하는 것도 아니죠. 그저 그 장소에 방문했다는 기록일 뿐입니다. 아마 무언가 마음에 드는 구석이 있다면 도장을 발견하고 한번 찍어볼 것입니다. 오르막이 많아 힘들었지만 풍경은 좋았다든지, 전시물이 의미 깊었다든지, 안내원이 친절했을 수도 있습니다. 아니면 단지 기념 도장이 갖춰져 있다는 점이 마음에 들었을 수도 있겠죠.

롤모델, 멘토, 멋진 여성 선배가 주는 신호도 마찬가지입니다. 내게 도움이 되는 것, 내 마음에 울림이 있는 것만 취하면 됩니다. 모든 것이 완벽하게 딱 제 마음에 드는 사람이 존재할 수는 없을 것 같아요. 대신, 이 사람에게서 하나를 본받고 저 사람에게서 또다른 것을 본받아 실천하려고 애쓰다보면, 저야말로 저 스스로에게 여러면에서 꽤나 마음에 드는 사람이 될 수 있지 않을까요?

*

우리 각자가 가는 길은 누구도 가지 않은 새로운 길일 것입니다. 우리 각자의 삶은 누구도 살아보지 않은 새로운 삶이고요, 우리 각자의 발걸음 하나하나는 누구도 아직 딛지 않은 새로운 발자국을 만들어낼 것입니다. 이 글을 읽는 당신에게 오늘도 한 발짝 내딛을 용기와, 타인의 인생에 쉽게 흔들리지 않을 유연하면서도 굳센 마음과, 지독한 행운이 따르기를 기원합니다.

프로 회사원의
하기 싫은 일
해내는 법

홍민지   SBS 디지털뉴스랩에서 피디로 일하며 『문명특급』을
         만들고 있다. 『꿈은 없고요, 그냥 성공하고 싶습니다』
         를 썼다.

01

하기 싫은 일과 하고 싶은 일은
모두 한통속이다

가끔 인터뷰나 강연을 하면 '하고 싶은 일을 하며 사는 삶'에 대한 질문을 종종 받는다. 이 원고의 청탁을 받았을 때도 '하고 싶은 일'을 하며 살 것 같은 모습이라 이렇게 제안을 주셨다고 한다. '서울, 방송국, 피디'라는 솔깃한 키워드 덕분에 이런 오해가 생기는지도 모르겠다. 하지만 내가 현재 하고 있는 일은 그냥 '먹고살려고 하는 일' 정도로 표현하는 것이 적당할 것 같다.

나는 원래 하기 싫은 일은 죽어도 못하는 성격이었다. 싫어하는 반찬이 올라오는 날에는 급식을 포기했고, 흥미 없는 과목은 절대 공부하지 않았다. 취향이 아닌 노래는 일절 듣지 않았고, 관심 없는 분야의 책은 읽어본 적이 없다. '하기 싫어'라는 말을 입에 달고 살았던 것도 같다.

그런데 회사원 7년차, 나는 하기 싫은 일을 매일 한다. 회사는 내가 이 일을 하고 싶은지 안 하고 싶은지 신경 쓰지 않는다. 회사에 다닌다는 건, 월급을 받는다는 건 때로는 하고 싶은 일이

건 하기 싫은 일이건 주어진 일을 한다는 말이다. 그런데 왜 사람들은 내가 하고 싶은 일을 하고 산다고 생각할까.

*

돌아보면 지금 내가 하는 일은 아주 하기 싫은 일에 더 가까웠다. 학과 선배들이 방송국 피디로 입사하고 나날이 피폐해지는 걸 보면서 절대 방송국 근처에는 가지 않겠다고 다짐했다. 그때 내가 진짜 하고 싶은 일은 광고 일이었다. 그런데 대형 광고회사 두 곳의 최종 면접에서 탈락했다. 자의가 아니라 타의로 포기할 수밖에 없었다. 취업을 준비한다고 학원에서 하던 아르바이트도 그만둔 상태라 생활비가 없었다. 취직을 시켜주는 곳은 없고 생활비는 점점 떨어져가던 차에 들어간 곳이 SBS 뉴미디어국의 '스브스뉴스' 인턴자리였다. 정규직이 될지 안 될지도 모르는 불안한 위치에, 당시 사회에서는 내 또래를 '88만원 세대'라고 불렀는데 그에도 못 미치는 87만원을 받는 자리였다. 그래도 목동 SBS는 우리 집에서 걸어서 갈 수 있는 거리여서 교통비를 아낄 수 있다는 장점이 있었다.

회사에서도 인턴에게 많은 걸 기대하지는 않는 것 같았다.

게다가 레거시 방송국에서 '뉴미디어'라는 분야는 메인 요리가 아니라 고급 레스토랑의 품격을 실추시키지만 않으면 다행인 테스트 메뉴 같은 존재였다. 회사 선배들은 뉴미디어는 전망이 불투명하다고, 아직 젊을 때 다른 일을 찾아보라고 했다. 하고 싶던 일도 아니었고, 안정적인 일자리도 아니었지만 달리 갈 곳도 없었다. 찬밥 더운밥 가릴 때가 아니었다. 일단 살아남는 게 먼저였다. 다른 선택지도 없는데 지금 나에게 주어진 일을 해야지 어쩌겠는가.

그렇게 일을 시작하고 나를 가장 괴롭게 한 일은 기획안을 쓰는 것도 아니고 제작비를 정산하는 일도 아닌 바로 편집이었다. 긴 시간이 걸리는 파일 백업, 싱크 맞추기, 자막 달기, 모두 재미는커녕 고통스럽고 인내만이 답인 과정이다. 밤을 꼬박 새워야 하는 날이 부지기수였고, 장시간 모니터를 보며 편집을 하다보니 눈도 나빠지고 귀에서 덜컹거리는 소리가 들렸다.

내가 처음 편집한 영상은 세계 기록을 세운 다이버에 대한 30초 내외의 영상이었다. 관심 있는 주제는 아니었지만 팀장님이 시키니까 꾸역꾸역 만들었다. 고등학교 시절 가장 싫어하던 과목이 체육과 정치였는데 하필 내가 인턴으로 근무하던 시절 월드컵이 열렸고 정권도 바뀌었다. 자연스럽게 스포츠와 정치에 대한 콘텐츠를 수도 없이 제작해야만 했다. 하지만 나의 장점이라면 눈앞의 현실에 얍삽하게 순응할 줄 안다는 것이다. 어쩌겠는가. 먹고살려면 일을 해야 한다. 군말 없이 편집을 했다. 이왕 하는 거 잘하려고 애썼다. 편집을 잘하고 싶어서 가장 먼저 출근해서 가장 늦게 퇴근했다. 엉성한 실력을 극복할 수 있는 방법은 엉덩이 싸움밖에 없었다. 영상 내용이야 내 관심 분야가 아니더라도 적어도 편집 기술 하나 정도는 얻어갈 수 있지 않은가. 어느새 이상하게 내가 편집을 잘한다는 소문이 돌았다. 그리고 하기 싫은 것만 시키던 팀장님이 새로운 기회를 던져줬다. 프로그램 하나를 단독으로 연출해보라는 것이다. 그렇게 기획을 시작한 것이 「문명특급」이라는 프로그램이다.

내가 편집보다 더 싫어하는 일이 있다면 글쓰기다. 글을 써야 할 일이 생기면 책상 앞에 앉아 노트북을 덮었다 열었다를 반복한다. 방송사 시험 준비를 할 때도 작문 연습을 할 때 가장 때려치우고 싶었다. 지금 이 원고를 쓰고 있는 순간도 괴롭기는 마찬가지다. 그런 내가 책 한권을 출간했다. 친구들을 만날 시간, 퇴근 후 휴식 시간, 가족과의 여행을 모두 포기하며 노트북을 붙잡고 매달린 결과다. 글을 쓰는 건 싫지만, 내 이야기는 전하고 싶었다. 내 책은 우리 가족 사이에서 한동안 소소하게 논란이었다. 논술 학원은 다니기 싫다고 그렇게 땡땡이를 치더니 어떻게 책을 쓴 거냐며 대필 의혹을 제기한 것이다. (책을 찬찬히 읽어 보신 부모님께서는 대필이라기엔 글솜씨가 빼어나지 않다며 다행히 의심을 거두셨다.) 원고를 쓰는 시간은 고통스러웠지만 출간 후 독자들이 내 이야기를 재미있게 읽었다는 후기를 들을 때면 도파민이 폭발한다. 하기 싫은 일만 했는데, 하고 싶은 일을 하게 됐다.

*

학교라는 우물 안에서 나와 사회에서 직업인으로 살면서 뼈저리게 느낀 것은 현실에서는 원하는 것만 갖는 방법은 없다는 것이다. 말하자면, 하고 싶은 일과 하기 싫은 일은 1+1 행사 상품이다. 하고 싶은 일을 하려면 하기 싫은 일도 해야만 했다. 하기 싫은 일을 잘할 때까지 하다보니 좋아하는 일을 할 수 있게 되었다. 하기 싫은 편집을 하고 쓰기 싫은 글을 썼더니 사람들에게 새로운 이야기를 전달할 수 있게 되었고, 좋은 동료들과 원하는 프로그램을 만들 수 있게 되었다.

회사원 7년차, 나는 이제 하고 싶은 일과 하기 싫은 일을 나누지 않는다. 그저 해야 하는 일과, 안 해도 되는 일이 있을 뿐이다. 염세적으로 들린다면 틀렸다. 눈앞에 있는 일을 묵묵히 하는 게 아직 알지 못하는 새로운 세계를 열어준다는 걸 안다. 싫어하던 깻잎을 먹어보니 맛의 새로운 세계가 열렸던 것처럼, 하기 싫은 영어 공부를 했더니 자막이 없는 영화도 볼 수 있게 되었던 것처럼, 하기 싫은 일이 주어지면 이 일이 나를 어떤 좋은 일로 이끌지 모른다고 생각하면서 버티려고 노력 중이다. 하고 싶은 일과 하기 싫은 일은 어차피 한통속이다.

직업인으로 살면서 뼈저리게 느낀 것은

현실에서는 원하는 것만 갖는 방법은 없다는 것이다.

말하자면, 하고 싶은 일과 하기 싫은 일은

1+1 행사 상품이다.

#02

성취감 vs. 뿌듯함

'성취감'과 '뿌듯함'이란 말은 둘 다 무언가를 이룬 상황에 쓰이지만 의미는 미묘하게 다르다. 에베레스트를 등반한 탐험가에게는 '성취감'이라는 단어가 더 어울리고, 저녁에 운동 삼아 동네 뒷산에 오른 나에게는 '뿌듯함'이라는 단어가 잘 어울린다. 사전을 찾아보니 두 단어의 차이점이 더욱 흥미롭다. '성취하다'란 '목적한 바를 이루다'라는 뜻이다. 유의어로는 '달성하다'가 있다. 그에 반해 '뿌듯하다'란 '기쁨이나 감격이 마음에 가득 차서 벅차다'라는 뜻이다. 유의어로는 '보람되다'가 있다. 500원짜리 동전으로 돼지 저금통을 가득 채웠을 때는 '뿌듯하다'를 쓰고, 100억 투자를 유치한 스타트업에는 '성취하다'를 쓴다.

면접에서 "가장 성취감을 느꼈던 경험이 무엇인가요?"라는 질문을 많이 받았는데 그때마다 식은땀이 났던 이유가 여기에 있다. 나는 성취감을 느낄 만한 일을 한 적이 없거니와 애초에 목적한 일조차 없기 때문이다. 학생회장을 했던 경험이나 어떤 대회에서 우승을 했던 경험을 말하며 근사한 일들을 달성해서 성취감을 느꼈다는 레퍼토리를 짜서 둘러대긴 했으나 사실 거짓말이었다.

엄밀히 따지면 나는 성취감보다는 뿌듯함을 느낄 만한 목표를 세우는 사람이다. 이를테면 작년의 새해 목표는 이불 정리. 원래 이불 정리를 하지 않았는데 별 이유 없이 아침에 일어나면 침구를 정돈하겠다고 마음을 먹었다. 난 아침 시간을 허둥지둥 보내는 종류의 사람이다. 매일 이불과 베개를 정돈하겠다는 것은 개인적으로 엄청난 도전이다. 용케도 1년째 잘 실행하고 있는데 침대가 깨끗하니 주변이 더러워 보여서 방을 더 치우게 되는 효과가 있고, 퇴근 후 집에 오면 방이 깨끗해서 피곤이 풀린다. 최근에 또 하나 더한 일상의 결심은 하루에 사과 한알 먹기다. 스스로 건강을 의식적으로 챙기고 있다는 기분도 들고, 사과를 먹기 위해 5분이라도 일찍 일어나다보니 시간적으로도 여유가 생긴다. 그깟 이불을 정리하는 일이나 사과를 챙겨 먹는 걸로 어떠한 목적을 달성했다는 성취감을 느끼진 못하지만, 틀림없이 뿌듯함을 느끼게 한다.

그런데 회사 생활에 익숙해지면서 뿌듯함보다는 성취감이라는 감정에 더 익숙해졌다. 공식적인 자리에서는 "뿌듯하다"라는 말은 잘 하지 않게 된다. 회사에서 "뿌듯하다"라는 표현을 사용하자니 귀여운 척이라도 하는 것 같고, 내가 한 일을 평가절하하는 느낌도 있다. 예를 들어 매주 월요일 아침 주간 보고를 할 때 "저번 주에 시청 수 백만을 달성해서 뿌듯했습니다"라고 하는 것보다 "저번 주에 시청 수 백만을 달성하는 팀 내 성취가 있었습니다"라고 하는 것이 더 적절하고 '있어 보이지' 않는가.

하지만 성취감이 불닭볶음면이라면 뿌듯함은 진라면 순한 맛이다. 사람은 무엇이든 익숙해질수록 더 큰 자극을 원하기 때문에 뿌듯한 보람의 슴슴함은 싱겁게 느껴진다. 과거에는 내가 제작한 영상을 한명만 봐줘도 즐겁고 기뻤다. 지하철에서 우연히 내 앞에 있던 사람이 내가 만든 영상을 보면서 깔깔 웃고 있었던 그날은 처음으로 월급을 받은 날보다 뿌듯한 날이었다. 하지만 어느새 그 정도의 성취는 당연한 것으로 느껴졌고 조회수 오백만, 천만이 목표가 되었다. 다른 피디들이 만든 프로그램의 조회수가 이 숫자를 뛰어넘으면 부러웠다. 그 프로그램의 성공 비결을 찾아 따라 하고 싶었다. 성취를 맛보려는 탐욕에 눈이 멀었다.

＊

　며칠 전 점심이었다. 그날도 전날 올린 영상의 조회수가 낮아 풀이 죽어 있었다. 어깨가 처진 채로 나가 선배와 쌀국수를 먹었다. 선배는 내 시무룩한 기분을 눈치챘는지 나에게 "오늘 정리 잘돼가?"라고 물었다. 우리나라에서는 안부 인사가 "밥 먹었어?"라면, 독일에서는 "오늘 정리 잘돼가?"라고 한다며.

　정리? 그제야 정신없던 하루를 돌아봤다. 엉망이라고 생각했는데 생각보다 괜찮은 하루였다. 아침에 이불 정리도 했고, 말끔히 씻었고, 사과도 잘 챙겨 먹었고, 따뜻한 스웨터도 입고 나왔고, 맛있는 커피도 마셨고, 편집 마감도 무탈하게 지나갔으니. "현재까진 잘 정리되고 있어요"라고 답하자 선배는 말했다. "뿌듯하겠네!" 문득 가뿐한 기분이 들었다. 오백만, 천만이 아니라 이부자리 정리와 사과 한알, 이런 걸로 매일 보람을 느낄 수 있다면 삶이 훨씬 가볍고 즐거울 것이다. 집 나갔던 뿌듯함이 돌아왔다.

　"오늘 정리 잘돼가?" 하고 물은 선배 덕분에 미세한 일상의 일에서 삶의 의미를 찾는 게 건강하고, 지속 가능하다는 것을 다시 기억했다. 큰 목표에만 집중하면 내 인생은 필연적인 실패작이고, 비교와 절망의 구렁텅이에 빠질 뿐더러, 그것을 성취한다 해도 더 큰 성취를 이뤄야 한다는 강박에서 벗어나기 어려울 것이고, 뿌듯함은 잊은 채 공허해질지도 모른다.

나는 뿌듯함에 기반해 성취를 하는 사람이다. 물론 반대로 성취가 있어야 뿌듯함을 느끼는 사람들도 있을 것이다. 내게 일이란 나의 뿌듯함을 성취로 바꿔내는 일이다. 나의 지속을 위해 뿌듯함을 수집하고, 프로그램의 지속을 위해 정량적인 성취를 목표한다. 되돌아보면 백만, 천만 조회수에 눈이 뒤집혀 만든 콘텐츠는 망했다. 우리가 하고 싶은 이야기, 우리가 궁금한 이야기를 추구했을 때 조회수도 잘 나왔다. 직장 내 세대 차이에 대해 고민하다 연출한 「다시 만난 세대」, '신문명'과 '구문명'의 간극을 좁히고 싶어 기획한 「문명특급」이 그랬다.

일이 늘 마음대로 되는 건 아니다. 언제나 예상치 못한 변수가 생기고, 때로는 내 능력이 미치지 못하고, 기획은 엎어지고 섭외는 불발되기 일쑤다. 그럴 때면 우리가 제작한 영상에 달린 시청자의 댓글을 찾아본다. 우리 프로그램이 밥 친구라는 댓글, 퇴근 후 재미있게 하루를 마무리했다는 댓글, 덕분에 위로가 된다는 댓글을 보면 다시금 일의 의미가 충전된다. 프로그램을 즐겁게 시청해주는 단 한 사람이라도 있다면 그것을 보람으로 여기며 끝까지 버텨야 한다. 그 모든 것이 의미 없게 느껴질 때도 있다. 그럴 때는 그냥 아침에 일어나 이불을 정리하고 사과를 챙겨 먹었다는 데 만족한다. 오늘 하루도 잘 정리했으니까. 작은 뿌듯함들이 나를 계속하게 한다.

앞으로의 「문명특급」도 먼저 나를 뿌듯하게 하는 것들로 채워가려고 한다. 나는 그래야 성취할 수 있는 사람이다. 일을 하며 번아웃이 오거나, 현재 진로를 고민하고 있다면 이렇게 성취감과 뿌듯함을 나눠서 고찰해보는 것을 추천한다. 본인이 성취감을 더 많이 느끼는 사람인지 뿌듯함을 더 많이 느끼는 사람인지 파악하면 방향성을 설정하는 데 도움이 된다. 사회에서 어떤 목표를 달성하고 싶은지, 어떤 일에 보람을 느끼는지. 그 두가지를 합치면 이전보다는 구체적인 답이 나오지 않을까.

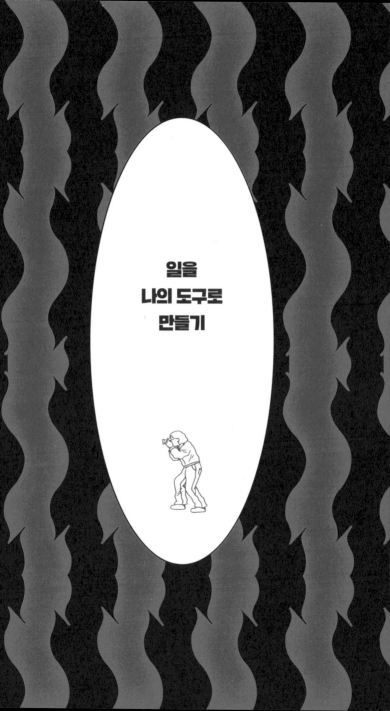

일을
나의 도구로
만들기

조 소 담   2016년 10월 닷페이스를 창업해 2022년까지 운영했
         다. 동세대에 꼭 읽어내야 하는 이야기가 무엇일지 고
         민해왔다. 지금은 예측할 수 없는 인생의 전환기를 누
         리는 중.

01

내 일이 어떤 의미가 있을까

여러분에게 일은 어떤 의미인가요? 저는 요즘 출근할 곳이 없는 '일 공백기'를 보내고 있습니다. 일이 인생의 전부인 것처럼 살던 몇년을 지나, 이렇게 여유로운 시간을 보내는 건 정말 오랜만이에요. 어제는 뜨개 가방을 완성하고 뿌듯하게 잠자리에 들었습니다. 훌라춤도 배우고, 지난주엔 수영장에서 숨쉬기만 연습하다 집에 왔습니다. '그냥' 해도 되는 자유가 너무 좋아요. 그래서 지난 시간의 자신에게 심리적 거리감도 좀 느끼고 있습니다. 일에 너무 매몰되었던 거 아닌가. 그런데 그 와중에 '일'에 관한 이야기를 하려니 이 질문이 먼저 떠오르더라고요. 다시 삶의 대부분이 일이 되어도 나는 괜찮을까. 우리는 왜 일을 하는 걸까. 일과 어떻게 관계 맺으며 살아야 할까.

저는 일중독은 아닙니다만, 사실 일하는 시간을 정말 좋아했어요. (이거 말이 되는 말인가요…?) 일을 삶의 중심에 두고 나머지를 그에 맞추고 싶어했고요. 스스로를 목적을 이루기 위한 도구로 생각했고, 어떻게 하면 일에 생산적인 도구로 쓰일 수 있는지 자주 질문했습니다. 내가 잘하는 건 뭔가, 어떻게 가성비 있게 스스로를 쓸 수 있을까. 어떻게 해야 빨리 더 잘할 수 있나. 좀 삭막하죠? 아, 제가 정보를 하나 빠뜨렸네요… 저는 회사의 대표자이고 창업자였습니다.

너무 거리감을 느끼진 말아주세요. 이미 조금 멀어지셨나요…? 저는 미디어 '닷페이스'를 2016년에 설립했고 6년간 운영했어요. 이 글을 읽는 당신이 이미 닷페이스를 아신다면, 제가 방금 하이파이브를 날렸습니다. 모르신다면 이참에 소개를 해보고 싶어요. 우리는 이야기를 목소리라고 생각하는 곳이었습니다. 그래서 필요한 목소리를 찾고 잘 듣는 과정을 예비하기 위해 항상 노력했던 매체입니다.

*

닷페이스를 만들기 전까지 저는 회사 생활, 인턴십조차 해본 적이 없었습니다. 그러니까 제가 만든 회사가 제가 처음 경험한 회사가 된 겁니다. 얼마나 막막했을지 상상이 가시나요? 언제나 우당탕탕에 가까웠고, 우아하게 일한 기억은 없는 느낌이에요.

열댓명 규모의 회사가 되기까지 여러 우여곡절도, 성장도 있었습니다. 그리고 2022년 6월, 6년간 운영해온 닷페이스의 서비스를 종료하고 회사를 정리했습니다. 이렇게 단순한 문장으로 표현하고 나니 기분이 묘하네요. 6년의 시간이 한 문장에 담길 수 있다는 게 야속하단 생각이 들 정도로요. 닷페이스는 일터를 넘어서 제 인생의 중심이었고 큰 의미였습니다.

저는 닷페이스의 대표이자 콘텐츠 책임으로 일했습니다. '콘텐츠 책임'으로 했던 일들을 좀더 설명해보면요, 초기에는 매체의 플랫폼 전략을 짜고 그에 걸맞은 이야기의 형태를 잡는 일을 했습니다. 페이스북에서 이용자들의 '공유하기'를 촉발하는 스토리는 무엇인지 고민하고, 스토리라인을 짜고 어느 시점에 어떤 콘텐츠를 편성해서 유튜브로 플랫폼을 옮길 것인지 결정하고 실행을 촉진하는 일을 했어요. 스토리 에디터라는 이름으로는 전체 스토리라인에 대한 피드백을 하고 이야기를 매체의 톤에 맞게 다듬어 내보내는 작업을 했었고요. 이후에는 발제, 마감 주기를 포함한 제작 체계를 만들고 적용하는, 즉 이야기를 만드는 과정을 설계하는 일을 했습니다. 이후에는 콘텐츠에 관여하는 비중을 줄이고 대표로서의 일이 더 많아졌지만요. 윤리 책임으로 매체에서 내보내는 콘텐츠의 윤리적 책무에 대한 부분을 감수하는 역할은 계속 유지했었습니다. 때로 취재에 같이 들어가고, 현장에 나가고, 인터뷰를 하기도 하고요. 작은 조직이다보니 일의 영역이 유동적이었어요.

닷페이스에서 일을 하다보면 세상과의 연결감을 극대화할 수밖에 없었습니다. 삶과 일이 깊숙이 연결된다는 게 이 일의 기쁨이자 어려움이었어요. 전날 밤 접한 누군가의 부음에 울고 싶고 화내고 싶다는 마음을 안고 출근을 하고, 그걸 일하는 에너지로 전환을 시켰고요. 일상에서 느끼는 분노, 슬픔, 호기심, 애정 같은 것들이 일에 반영이 되었습니다. 오랜 시간 신경을 곤두세우고 감각해야 했고, 생각이 잘 끊어지지 않았습니다. 쉬는 게 어려웠어요. 그래서 힘들기만 했느냐 하면 전혀 아니고요. 그 과정에서 느낀 일의 기쁨과 슬픔 덕분에 저는 '언젠가 삶의 대부분이 또 일이 되어도 재밌겠다'는 생각을 합니다.

우리는 왜 일을 하는 걸까. 일과 어떻게 관계 맺으며 살아야 할까. 이런 질문을 할 때, 모든 사람이 같은 정도의 열정과 애정으로 일과 관계를 맺을 필요는 없다는 생각이 들어요. 하지만 대부분의 우리는 많은 시간을 일을 하며 살아가잖아요. 그러니까, 누구나 기댈 태도가 필요하지 않나 싶어요. 일에 대한 자신만의 관점이나 태도, 나는 일과 이런 정도의 관계를 맺으며 살아가겠다는 생각. 오늘의 글에서는 서로를 참고삼을 수 있도록 제가 일을 바라보는 관점을 공유해볼까 합니다.

*

크게 봤을 때 제게 일은 '세상과 관계 맺는 방법'입니다. 그 세상 안에는 '나'도 있고, '우리'도 있고, 내가 살아갈 배경이 되는 '세상' 그 자체도 있습니다. 우리는 모두 세상과 어떻게 관계 맺을지, 다양한 깊이와 폭으로 자신의 대답을 내놓습니다. 여러 수단이 있지만, 일도 그 수단 중 하나입니다.

먼저, 일을 '자기 자신과의 관계 맺음'이란 관점에서 보면 어떨까요. 내가 어떤 사람인지 알아가고 나를 잘 키우기 위한 수단으로서 일을 쓴다고 생각하는 관점입니다. '나는 이런 일과 환경에선 이 정도로 플레이할 수 있구나', 스스로를 관찰하면서 알아차리고, '나는 이럴 때 몰입할 수 있고 성장한다고 느끼는구나' 경험하기 위한 도구로서요.

여기서 중요한 건 머리로 생각하기보다 실행 속에서 스스로를 알아가는 일이 아닐까 해요. 하나의 시도를 완결하면 자기 자신과 세상에 대해 하나 이상의 배움을 얻습니다. 동료 S는 "러

닝 바이 두잉!"Learning by doing!이라고 말하고 다니곤 했어요. 풀어 말하면 배우고 행동하는 게 아니라 행동으로써 배운다는 뜻입니다. 실제로 해보면, 자기 자신과 세상에 대한 허상이 깨집니다. 이 속에 복잡한 종류의 기쁨이 있습니다. 저는 일을 통해 그런 기쁨을 제게 주면서 저를 키우고 싶어요.

두번째로, 일은 인생에서 누굴 만나고, 누구와 함께 커갈지 선택하는 것이기도 합니다. 예전의 저를 쥐어박고 싶은 순간이 하나 있습니다. 일을 하면서 만나는 사람들과 '친구'는 다르다고 생각하고 관계에 선을 긋곤 했어요. 그러지 않아도 됐을 텐데 말이에요. 어른의 우정은 신기하고 다양한 형태로 존재합니다. 일을 하다보니 회사 안이든 밖이든 '동료'라고 부를 수 있는 사람들을 만나게 되고, 신기하게도 동료와 친구라는 말이 어느 스펙트럼에서 겹쳐 있다는 걸 점점 알게 되었습니다.

든든한 동료이자 친구인 사람들의 얼굴을 떠올리면, 우리가 숲에 있는 한그루의 나무 같은 것이 아닌가 하는 생각이 들어요. 나무는 자기의 발달 과정 모두를 오롯이 혼자 감당하지 않잖아요. 옆에 있는 나무들이, 숲이 함께 나무를 키워주니까요. 필요할 땐 도움을 청하고, 함께 흔들리며 성장해갈 수 있다는 믿음을 저는 갖고 있습니다.

마지막으로는, 일을 통해 내놓는 결과물이 내가 살아가는 세상에 영향을 미친다는 걸 생각해요. 저에겐 이 관점이 창업을 선택하는 데에 가장 중요하게 영향을 미쳤습니다.

✻

'내가 만든 사회에서 내가 살게 된다'라는 문장이 저에겐 두려움과 용기의 원천이었어요. 가족과 친구와 나 자신이 겪는 어려움은 단순히 개인적 경험이 아니라 사회적 경험이니까요. 내가 내버려둔 사회에서 나와 내가 사랑하는 사람들이 다친다는 게 두려웠고, 바꾸면 바뀐다는 말이 용기가 되었어요. 때로 현실에서 좋은 장면을 발견할 때면 그 장면이 반복되도록 하고 싶었습니다. 결국 그 두려움과 용기가 일을 하는 동기가 되었고요.

어떤 장면을 보고 싶은 강한 열망. H는 '엔드 픽처'end picture라는 말로 이걸 일컫더라고요. "썸머*가 보고 싶은 최종적인 그림이 뭐예요?" 이 일의 끝에 있을 구체적인 한 장면을 상상해보라는 질문이었어요. 그 순간을 떠올리면서 거기서부터 거꾸로

• 닷페이스에서 제 활동명이었습니다.

69

현재로 오는 거예요. 그 장면이 현실이 되려면 지금 무엇을 해야 하는가, 자꾸 묻는 겁니다. 이런 구체적인 상상은 힘이 세서, 이야기가 되고 나 자신은 물론 다른 사람도 움직일 수 있습니다.

*

여러분은 어떠세요? 어떤 관점으로 일을 바라보시나요? 각자의 시선이 있겠죠. 똑같은 사람이라 해도 인생의 시기마다도 다른 것 같고요. 좀 이상하지만 어쩌면 하고 싶었던 이야기는 이런 건가봐요. 때로 우리는 일의 도구처럼 살지만, 사실 일이 우리의 도구입니다. 자기 자신을 잘 키우고 싶어서, 누군가와 함께하고 싶어서, 혹은 세상에서 보고 싶은 장면이 있어서 우리는 일을 합니다. 저도 언제든 준비가 되면 다시 그렇게 재밌고 멋지게 일을 하고 싶어요. 일이 인생에서 좀 물러나 있는 시간도 이렇게나 좋지만요. 이 글을 읽는 당신이 어떤 일을 하고 계시든 더 자주 행복하시기를 바라보아요. 아무리 고단한 하루였더라도 잠들기 전에 '오늘 좋았다' 생각하는 날이 잦기를, 우리의 행복과 안녕을 바랍니다.

때로 우리는 일의 도구처럼 살지만,
사실 일이 우리의 도구입니다.

02

나를 키우는 강점 찾기

「바람의 나라」는 제가 처음으로 푹 빠졌던 게임입니다. 레벨 99를 찍었을 때의 희열을 지금도 기억해요. 컴퓨터 의자에서 엉덩이를 떼지 못하던 그 긴 시간이 아깝다고 생각해본 적은 단 한 번도 없습니다. 여러분, 아이들이 무언가에 심하게 몰입하고 있다면요, 절대 방해하지 마세요. 그 안에서 무슨 일이든 일어나고 있을 테니까요.

그때의 배움은 일의 영역에 적용해도 유효하다는 생각도 듭니다. 이를테면 이런 것들입니다. 첫 직업 선택은 중요하구나. 그러나 직업을 바꿀 수도 있다. 일을 완수하면 경험치라는 것이 쌓이는구나. 함께 사냥을 나갈 길드를 잘 구성하는 것이 중요하다. 각자의 역할을 다하지 않으면 누군가는 귀신이 된다(?). 세상에는 언제나 내가 모르는 공간 블랙맵, 지도에서 검게 보이는 구간이 존재하며, 그 지도를 채울 수 있는 방법은 직접 탐험해보는 방법뿐이다. 어때요, 정말 실용적인 배움 아닙니까.

엉뚱한 소리 같지만 때때로 나를 어떻게 잘 키워야 할까 고민할 때면 게임을 생각합니다. 게임 시스템의 명확함과 친절함을 말이에요. 세상은 게임처럼 친절하지 않잖아요. 캐릭터 상태 창도 보이지 않고 이 사냥으로 대체 내게 어떤 경험치가 쌓인 것인지 알 수가 없습니다. 게임에선 NPC^{Non Player Character, 게임 속 정보를 제공하는 안내자 캐릭터}도 우호적이고 꼭 필요한 정보를 준단 말이에요. 현실은 좀더 비밀스럽습니다.

일을 시작하고 내내 저는 내가 뭘 모르는지 알아내는 일을 해온 것 같아요. 사방이 다 가려진 지도인데, 걸음걸음마다 그까만 영역을 지워가면서 나아가는 일. 상태 창에 능력치가 보이지 않는데 매일매일 길드와 몬스터를 잡으러 떠나야 하는 느낌. 과제 수행을 끝내고도 '내가 나아가고 있긴 한 건가?' 알쏭달쏭한 기분이었고요. 그 답답함, 여러분도 아시지요?

*

닷페이스에서 저는 일을 작당하고 조직을 운영하는 일을 맡았습니다. 그래서 더 조급하게 빨리 깨닫고 배워야 한다는 생각이 있었어요. '강점을 잘 쓰는 전략', 즉 조직원 각 개인이 가진 강점과 약점을 잘 분간해서 가르고 써먹는 것이 효율적인 전략이라고 생각했습니다. 게임에서도 캐릭터마다 강점이 있잖아요. 어떤 캐릭터는 힘이 세고, 어떤 캐릭터는 속도가 빠르고… 각자 잘하는 걸 두드러지는 역량으로 만들면서 성장해보자. 나중엔 강점을 잘 쓰자는 말을 좀더 복잡하게 이해하게 되었지만 그 이야기는 일단 생략할게요.

그래서 '강점을 잘 쓴다'는 게 뭘까요. 강점을 잘 쓴다는 말 앞에는 무엇이 강점인지 아는 일이 먼저 있습니다. 난 뭘 잘하는 사람인가. 뭐가 일터에서 내가 써먹을 수 있는 특질인가. 그걸 아는 일 같습니다. 제가 쓰는 '강점'이라는 단어는 단순히 어떤 직무 역량이나, 툴을 쓸 줄 안다는 개념보다는 훨씬 넓은 범주를 가리키는 것 같아요.

게임 이야기를 했었는데요. 말하자면 게임 캐릭터 상태 창에 물음표가 떠 있을 때의 답답함을 해소하는 일과 비슷한 것 같습니다. 게임 캐릭터의 상태 창을 채운다고 생각해보세요. 무언가를 나의 강점이라고 자기 언어로 정의하고 나면 그것 자체가 아주 근사한 일이 일어나는 시작점이 됩니다. 상태 창에 세부 항목이 생기면 그걸 잘하고 싶다는 '주의'를 기울이게 됩니다. 이 사냥으로는 무슨 스탯(능력치)이 늘어났나 살펴보게 되고요. 자기 자신을 잘 이해하고 그 이해에 바탕해 강점을 정의하는 일은 중요하고 또 동기 부여에 도움이 됩니다.

자신의 강점이 무엇인지 정의하는 걸 돕는 몇가지 도구가 있습니다. 회고나 동료 피드백, 직무적성 검사 등등…. 그중에서도 저는 회고를 주로 활용했습니다. 프로젝트가 끝나고 팀 차원에서 하는 회고도 있었지만, 저는 일상 업무가 끝나는 주기마다 개인 차원에서 회고를 하는 게 도움이 되었습니다. 주간 혹은 일간으로 좋았던 순간이나 잘해냈다고 느껴지는 순간, 그리고 잘 안된 일들에 대해서도 기록을 합니다. 가치 평가를 곁들인 업무일지나 학습일지에 가까운 글인 거죠. 회고의 방법에 대해서는 더 체계적이고 좋은 글이 많으니 검색해보시면 도움이 될 것 같습니다. 하지만 굳이 어떤 방법이나 템플릿을 따를 필요는 없습니다. 각자에게 맞는 방식이 있을 거예요. 포인트는 '일을 다시 돌아보는 시간'을 갖는 것입니다. 일하는 스스로의 강점을 잘 발견하고 돌아보기 위해서요.

*

조직 차원에서는 '강점 피드백'이란 이름의 상호 피드백 체계를 만들어 썼어요. 닷페이스에서 만들었던 강점 피드백 문서의 도입부에는 이런 설명이 있습니다.

나의 강점을 나도 모릅니다. 옆에서 일하는 사람이 이야기해 줄 때 더 선명하게 발견할 수 있어요. 서로의 강점을 잘 발견하고 짚어주는 것은 언제나 누군가의 성장에 큰 응원과 방향 설정에 도움이 되는 일이라고 생각하고 문서를 전해드려요.

문서는 ① 직무 역량, 협업 역량, 업무 전반 등 영역별로 개인의 강점이 무엇인지 협업한 동료가 객관식 문항을 바탕으로 피드백하는 부분과 ② 강점을 바탕으로 한 성장 방향, 그리고 아직 발견하지 못했거나 조금 더 성장을 기대하는 부분에 대해 동료들이 직접 서술하는 항목으로 구성되어 있습니다.

예를 들어 팀의 리더들은 리더십 역량에 대해 아래 문항들을 기준으로 피드백을 받았습니다. 이 중 어떤 강점이 있는지 함께 일한 동료가 중복 선택으로 피드백을 하고, 코멘트를 남겨주었습니다.

• **팀원들에게 솔직하고, 상황 개선에 도움이 되는 피드백을 적시에 함**

- 핵심 목표를 잘 설정할 수 있고 전체 조직과 목표가 연결되는 맥락을 이해하고 있음
- 목표 달성에 필요한 자원과 에너지를 적절히 예측해 실행 계획에 반영함
- 일감을 잘 나누고 멤버의 과업 크기를 적절히 조율할 수 있음

⋮

이렇게 항목이 있는 부분도 있지만, 주관식으로 동료가 적어주는 '강점'과 '요청'이 있었습니다. 이 부분이 강점을 정의하고 더 나아갈 방향을 잡는 좋은 가이드가 되곤 했습니다.

저는 이런 피드백을 받았어요. '결정 사항과 결정의 맥락을 잘 공유하는 일'을 더 잘했으면 좋겠다거나 '자원 분배를 잘 예측했으면 좋겠다'는 피드백. 이 문서를 받고 곰곰이 생각을 해보니 저는 제가 어떤 결정을 왜 내렸는지 잘 설명하기 위해서 구두로 결정 사항을 전달하곤 했는데, 글로 적어서 공유하면 서로 맥락을 다르게 이해하는 일이 줄어들지 않을까 생각했어요. 그래서 결정의 맥락을 공유할 때 글로 전달하는 시도를 했습니다. 글로 먼저 전하고 대화를 나누면 더 정확하고 풍부하게 맥락을 전달할 수 있고, 토론하고자 하는 지점도 명확해진다는 걸 깨달

앉어요.

결국, 나를 성장시키는 사람은 바로 내 옆의 동료라고 생각해요. 나와 함께 일하는 사람들은 나를 키워줄 수 있는 의견을 가지고 있습니다. 우리가 아직 묻지 않았을 순 있지만요. 서로의 성장을 위해서 좋은 질문을 하고 정성을 다해 답해주는 일이 중요하다고 느꼈던 순간이 많습니다. 내 옆의 동료에게 어떤 질문을 해야 나를 성장시키는 이야기를 들을 수 있을까 고민해보시는 건 어떨까요.

또다른 강점 발견 도구로는 심리 검사가 있습니다. 직무 관련 적성 검사 중에는 갤럽의 '강점 검사'가 도움이 되었습니다. 강점 검사는 직무 현장에서 강점으로 작용할 수 있는 특성들을 34가지로 분류합니다. 크게는 네가지 테마로, '영향력' '전략적 사고' '실행력' '대인관계'에서 어떤 강점을 가지고 있는지 보완할 점은 무엇인지 분석합니다. 가장 흥미로웠던 건 '이런 게 강점으로 정의될 수 있구나' 하는 부분이었어요. 동료들과 서로의 검사 결과를 비교해보며 나는 이런 사람과 팀워크를 이룰 때 일을 잘할 수 있네, 하는 걸 생각해보는 것도 재밌었습니다.

우리가 강점에 대해서 한참 이야기를 했는데요. 여기선 크게 언급하지 않았지만 강점을 정의하는 일의 부작용도 분명 있습니다. 강점을 정의하고 나면 강점이 아닌 특성을 더 탐구할 기회를 스스로에게 주지 않게 되는 경향도 생겨요. 이게 내 강점이면 그 반대는 내 악점이구나,라고 생각하면서요. 그래서 동료 피드백의 질문을 설계하면서 제가 쓰지 않고자 했던 말이 있습니다. '약점'이란 단어입니다. 피드백 질문에 약점 대신 '아직 발견하지 못한 부분'이란 표현을 썼어요. 저는 강점의 반대말을 약점이라고 생각하지 않았으면 좋겠습니다. 지금 우리가 알게 된 것은 '이번 기회' '지금의 동료' '지금의 내 판단'에서 얻은 정보일 뿐이니까요. 스스로에게 여지를 주면 새로운 시도에 대해 두려움이 작아질 거예요.

마지막으로, 모험을 떠나는 사람에게는 체력도 상태 창의 능력치를 키우는 일도 중요하지만요, 능력만으로 버티고, 능력에 기댈 수 없는 순간들이 있겠구나 싶었어요. 제가 감탄하며 바라본 일하는 동료들은 '유능함' 또는 '일잘'이란 말을 넘어서는 자기만의 판단 기준과 태도가 있었습니다. 환경의 한계를 넘어서는 배포 같은 거요. 이건 따지자면 '마력'의 범위랄까요.

Y님은 '태도에 기대서 간다'는 말을 했어요. 역량을 쌓는 일만큼이나 스스로 만족할 만한 태도로 일하기 위한 생각을 쌓는 것도 중요하다고 느꼈습니다. 저에게는 '결정 원칙'에 대한 문서가 하나 있어요. 문서엔 언제든 꺼내보는 용도로 적은 '당부의 말들'이 적혀 있습니다. 좋은 순간의 스스로를 포착하는 방법이고, 나중에 비겁해지려는 순간에 자기 자신을 붙잡을 용도로 여러 이야기를 써둡니다. 이를테면 "나는 스스로를 괴롭히거나 부정하는 방식으로 성장하기를 택하지 않는다"는 문장 같은 것입니다.

모쪼록 여러분이 스스로를 키우는 데 조금이라도 도움이 되면 좋겠다, 참고할 수 있으면 좋겠다는 마음으로 이 글을 썼습니다. 여러분의 퀘스트 완수를 응원합니다. 멀리 떠난 모험에서 어쩌다 마주친다면, 우리 반갑게 인사해요. 즐겜…

꿈을 지탱하는
육체노동

김 예 지 청소하고 그림 그리고 이야기하며 편한 것보단 조금은
불편해도 내 신념이 있는 곳을 향해 가길 좋아하는 청
년. 『저 청소일 하는데요?』 『다행히도 죽지 않았습니
다』를 쓰고 그렸다.

01

청년 청소부의 탄생

안녕하세요. 저는 청소노동자로 일하고 있는 30대 여성 김예지라고 합니다. 처음 만나는 사람에게 저를 소개할 일이 있을 때, 무슨 일을 하시느냐는 질문에 '청소일을 합니다'라고 답하면 어색한 침묵이 흐릅니다. 부업으로 그림을 그린다고 하면 그제서야 '아… 청소는 부업이군요?' 하고 나름대로 납득해보려는 반문이 돌아옵니다. 음, 물론 저는 미술을 전공했고 그림을 그리는 사람이지만, 본업을 생계를 책임지고 대부분의 시간을 사용하는 활동으로 정의한다면 '청소부'가 제 본업입니다. 이 글을 읽고 계신 여러분은 어떤 일을 하시나요? 그리고 그 일들이 여러분 인생에는 어떤 의미인가요?

*

4년제 미술대학 졸업을 앞두고 운 좋게도 어려움 없이 인턴에 합격했던 스물네살의 저는 '어른들과 매체에서 떠드는 세상의 어려움은 과장 아닐까? 생각보다 쉽고 순탄한 것은 아닐까?' 하는 오만함에 빠졌습니다. 대단한 대기업의 정규 신입사원으로 취직한 건 아니었지만 연일 뉴스와 기사, 그리고 만나는 어른마다 '취업난'을 이야기하던 시절이니(물론 지금은 더욱더 심해진 실상이고) 덜컥 취업을 해버린 제 입장으로선 마치 그 말들이 사회로 진출하는 새내기에게 힘껏 겁을 주는 일종의 텃세처럼 느껴질 정도였습니다.

그렇게 회사 생활을 자신만만하게 시작한 저는 곧 예기치 못한 난관을 마주칩니다. 회사 생활이 도무지 견디기 어려웠던 겁니다. 취업이 어렵단 이야기는 들었어도 조직 생활에 맞지 않는 인간도 있다는 이야기는 듣지 못했기에 취업 후 회사 생활에 적응하지 못하는 스스로에 대한 좌절감과 실패감이 컸습니다.

1년이란 아주 짧은 인턴 생활이었지만 직감적으로 나란 인간은 평생 회사에 몸담을 수 없는 자아를 가졌다는 것을 알고 퇴사를 감행했습니다. 그리고 덜컥 프리랜서가 됐습니다. 어쨌든 직업은 있어야 했고 돈도 벌어야 했던 저에게 조직 생활을 하지 않고 밥벌이를 할 수 있는 길은 프리랜서뿐이었고, 다행히도 개인적 기술이 있기도 했죠. 그것은 그림이었습니다.

하지만 그렇게 시작한 프리랜서 생활은 녹록지 않았습니다. 일러스트레이터로 일하려 했지만 그림이 특별히 돋보이지 않아서인지 일이 들어오지 않았습니다. 말이 프리랜서지 그냥 일 없는 백수에, 오늘내일의 생계를 걱정하며 아르바이트를 전전해야 했습니다. 아르바이트를 두세개 병행하니 주말이고 평일이고 일을 해야 했고 그외 시간에는 그림을 발전시켜보겠다고 포트폴리오 학원에 다니거나 개인 작업을 하며 '나라는 인간은 도대체 어떻게 살아야 하는가'와 같은 끝없는 고민에 빠져 있었습니다. 사회적으로 명명되는 정확한 직업도 없고 쓸모도 보장받지 못하는 인간으로 살아가는 건 꽤 고통스러운 일이었습니다. 조직에 적응 못하는 비사회적인 나를 원망하다보면 또 아침이 찾아왔습니다. 20대 중반의 청춘이었지만 난감하고 암울한 나날들이었죠.

그 모습을 1년 내리 지켜보던 엄마는 어떤 마음의 결단을 내리고 저를 불렀습니다.

"예지야, 엄마랑 청소일 해볼래?"

그렇게 저는 스물여섯살, 지금으로부터 9년 전 '깔끔이 청소'

라는 이름으로 개인사업자를 등록하고 엄마와 함께 청소일을 시작했습니다. 아르바이트 두세개 하며 포트폴리오를 준비하느니 차라리 돈도 더 되고 시간 사용도 더 유연한 청소일이 이득이었습니다. 무엇보다 엄마가 함께해준다는 것이 그렇게 든든할 수 없었습니다.

*

제가 시작한 청소일이 어떤 일인지 설명을 드리자면, 저희는 흔히 알고 있는 가정집 청소와는 다르게 사무실이나 주택, 공장, 병원, 학원과 같은 다중이용시설과 계약해 청소를 합니다. 더 세부적으로는 주택과 같은 주거용 건물에서는 복도와 계단, 바깥 주변 정리, 분리수거 같은 일을, 공장 같은 곳에서는 복도와 계단, 건물 안의 화장실 그리고 가끔 사무실 안의 쓰레기를 비우거나 걸레질을 합니다. 즉 공용 공간의 청결을 유지해주는 일이 저희의 주업무죠.

그런 현장에서 저는 신기한 사람이었습니다. 너무 젊었기 때문이죠. 작업복을 입고 청소일을 하는 20대 여성을 보는 건 드문 일이니까요. 주택의 주민들, 공장과 사무실의 직원들, 병원 간호사들의 시선은 청소복을 입고 걸레질을 하는 제게 멈추곤 했습니다. 마치 자신의 평온한 일상에 외계인이라도 나타난 것같이 놀란 기색을 보이거나 '뭐지?' 하고 의문 어린 기색을 보였습니다. 청소일을 하면서 제가 하루에 받는 시선의 양은 평생 받은 시선을 합친 것보다 많았습니다. 어떤 의미인지는 헤아릴 순 없어도 그 시선들은 왠지 모르게 저를 위축시켰습니다. 인간의 눈은 물리적인 폭력을 가할 수 없는 기관이지만 마치 뺨을 맞은 듯한 기분이 들 때도 있었습니다. 하면 안 되는 일을 하다 들켜버린 기분이 들었고, 쳐다보는 시선이 이해되기도 하면서 한편으론 분노가 치밀기도 했습니다. 그렇게 저는 시선이 폭력이 될 수 있다는 사실을 이해할 수 있는 사람이 되었습니다.

날마다 눈빛이 화살처럼 쏟아지는 전장에 나가는 것 같았지만 제게는 청소일이 필요했습니다. 회사 일이 맞지 않는 자아를 가진 나, 프리랜서로 자리를 잡지 못하는 나. 그렇기에 다른 방법으로 생계를 유지해야 했고 그 중 가장 매력적인 일이 '청소'였기 때문입니다. 쏟아지는 시선들이 따갑더라도 인내해야 했습니다. 청소일은 생각보다 저와 너무 잘 맞았거든요. 누군가 대단하다고 손뼉 쳐주는 일도 아니고 심지어는 젊은 사람이 '이런 일'을 하느냐고 비난을 하는 일이었지만 나를 가장 나답게 해주는 생업이었습니다. '열심히 살지 않은 것 아니냐'는 무례한 질문도 '부모님께서 속상하시겠다'라며 넘겨짚는 동정도 버텨냈습니다. 지나가는 이가 아무 생각 없이 던진 돌에 맞은 개구리처럼 혼자 덩그러니 쓰러져 있고 싶지 않았습니다. 그래서 그냥 묵묵히 견뎠습니다. 내가 저들의 인생에 찰나로 지나가는 신기한 광경으로 비친다는 이유로, 그 때문에 다양한 '질문과 시선'을 받는다고 해서 당장 내 인생에 필요하고 잘 맞는 직업을 포기하긴 싫었습니다. 속상해해봤자 억울한 건 그저 나뿐이란 걸 항상 마음속에 되뇌었습니다. 그냥 뇌 어느 부위에 '억울해지지 말자'는 말을 반복 재생해둔 것처럼요.

그 덕분에 저는 청년 청소부로 9년을 잘 살아왔고 많은 것을 얻고 볼 수 있었습니다. 그렇다고 청소일이 마냥 신나고 아주 편한 일만은 아니란 것도 알아주셨으면 좋겠습니다. 그저 제게 잘 맞는 일일 뿐이죠. 가끔 저에게 청소일에 관심이 있다며 물어오는 분들이 계십니다. 그리고 직접 하고 싶어하는 분들도 몇몇 봤죠. 일도 자신과의 궁합이 있는 것인지 저처럼 잘 맞는 분들이 있는가 하면 아닌 분들도 많았습니다.

다음 편에서는 9년차 청소노동자의 시선으로 제가 하는 청소일이 어떤 노동인지, 어떤 능력을 필요로 하고 어떨 때 괴롭고 기쁜지 설명해보겠습니다. 아무래도 제 나이 또래에 청소일을 하는 분들이 흔치 않기도 하고, 육체노동을 하는 이들의 이야기를 글로 읽을 기회가 별로 없다보니 궁금해하시는 분들이 더러 있더라고요. 어때요? 좀 흥미가 생기시나요? 그러면 청소의 세계로 더 깊숙이 안내하도록 하겠습니다.

어떤 일을 하면서 살아갈 것인가에는
정해진 답은 없다고 생각합니다.
나만이 할 수 있는 답을 서술해나가는 것만이
길이 아닐까 싶네요.

02

≡ | 청소노동자의 삶

일을 한다는 것은 신체, 정신, 감정 중 한가지만으로 할 수 있는 일은 아니지만 흔히 노동을 '육체노동' '정신노동' '감정노동'으로 분류하지요. 여러분은 이 중 어떤 노동에 종사하시나요? 감히 예상해보자면 가장 많은 분들이 사무실에서 일하실 테고, 그다음으로 감정노동을 하는 분이 많지 않을까 합니다. 육체노동을 하는 분들은 아주 많지는 않을 것 같습니다.

저도 역시 태어나서 처음 해본 육체노동이 청소일입니다. 난생처음 하는 육체노동은 제 몸을 변화시켰습니다. 청소일에서 가장 주요하게 쓰이는 신체 부위는 손과 손목입니다. 대걸레질을 할 때는 스냅에 따라 손목이 유연하게 꺾여야 하고 빗자루질을 할 때는 손목을 세심하게 컨트롤해야 합니다. 걸레로 창틀이나 거울, 난간을 닦는 데는 생각보다 많은 악력이 필요합니다. 청소일을 시작한 지 한달이 됐을 때 아침이면 제 손은 밤사이 물에 담가놓은 것마냥 땡땡 불어 있었습니다. 발갛게 부풀어오른 모양이 이상하게 물이 가득 채워진 고무장갑을 닮아 있었어요. (9년이 지난 이제는 다행히도 더는 청소일 때문에 붓는 일은 생기지 않아요. 역시 인간은 적응의 동물입니다.) 청소일은 손목과 손뿐만이 아닌 골반에도 무리를 줬습니다. 계단을 뒷걸음질로 걸레질하며 내려올 때 한쪽으로 골반을 반복적으로 틀게 되니 불균형이 생겼습니다. 골반 불균형은 다리에도 고스란히 전해져 오른쪽 다리가 자주 저렸고 자다 다리에 쥐가 나 깰 정도였습니다.

종종 사람들이 제게 '일하면서 몸을 쓰니까 운동 따로 안 해도 되겠어요'라고 말을 건넵니다. 이건 육체노동을 안 해본 자의 무지함에서 나오는 말입니다. 사무실에서 앉아 일하는 노동자든 저 같은 육체노동자든, 현대인에게 운동은 필수입니다. 오히려 육체노동을 할수록 꼭 운동을 해줘야 합니다. 반복노동으로 틀어진 몸을 운동을 통해 바로잡고, 근육을 기르면 같은 일이라도 덜 힘들게 해낼 수 있기 때문이죠. 모든 육체노동이 마찬가지겠지만 청소일에서 체력은 가장 큰 밑천이고 몸이 바로 재산이니까요.

반면 육체노동의 좋은 점은 움직임을 통해 내 몸을 알게 된다는 겁니다. 매일 몸으로 일하다보면 몸의 어디가 쓰이고 망가

져가는지, 어떻게 돌봐야 하는지를 차츰 알게 됩니다. 예전에는 다이어트 목적으로만 운동을 했다면 지금은 이런 육체노동을 오래 한 탓에 내 몸의 기능을 향상하고 반복동작으로 몸이 틀어지지 않도록 하고 몸의 균형을 바로잡는 운동을 하기 시작했습니다. 제 몸이 보내는 신호에 좀더 민감하게 반응할 수 있게 됐고, 무시하지 않고 돌봐주는 사람이 될 수 있었죠.

그리고 또다른 좋은 점은 햇빛을 보며 일한다는 겁니다. 그 덕에 여름이면 피부가 검게 그을리는 것이 조금 난감하지만 그래도 주기적으로 받은 햇빛은 분명 저의 밝은 에너지에 상당 부분 영향을 미치지 않나 짐작해봅니다. 사람에게는 햇빛이 정말 중요하잖아요. 그런 햇볕을 마음껏 쬐는 일이 또 이 일이지 않겠습니까? (너무 긍정적인가요? 하지만 저는 정말로 그런 마음으로 일합니다. 공짜로 비타민D를 흡수 중이란 생각에 뿌듯해질 때도 종종 있습니다.)

*

일은 사람의 몸뿐 아니라 마음도 변화시킵니다. 20대 시절 저는… 아니 사실 20대뿐만일까요? 어렸을 적부터 성실함이나 꾸준함은 저와 거리가 먼 단어였습니다. 공부든 배움이든 취미든 모두 불붙은 성냥개비마냥 금세 타올랐다가 꺼져버리곤 했습니다. 도무지 뭘 진득하게 해본 적이 없는 인간이었던 거죠. 그런 저에게 난생처음 성실함과 꾸준함이라는 수식어를 사용할 수 있는 날들을 선물해준 것이 바로 청소일이었습니다. 사실 저 두 단어가 없이는 못하는 일이기도 합니다. 아프거나 휴가를 써도 회사처럼 대신 해줄 이가 있는 일도 아니고 상사가 있어서 지시를 내려주거나 실수를 같이 해결해주는 시스템도 아닙니다. 오로지 엄마와 저 둘이서 일을 감당해야 합니다. 어떤 사정이 있어도 정해진 날짜와 시간에 맞춰 출근해 청소를 해야 합니다.

또 청소일은 저를 더 단단하게 만들었습니다. 앞에서도 말했듯 젊은 청소부인 저는 이런 말을 자주 들었습니다. '비전 있는 일을 해라' '언제까지 청소일을 할 거냐? 꿈을 찾아야 하지 않겠어?' '내 자식에게는 이런 험한 일 시키지 않을 텐데…' 지나가는 사람들이 던지는 말들이 돌멩이 같았고, 저를 지지해주고 응원해주는 목소리보다 더 크게 들려 흔들리는 날이 잦았습니다. 그럴수록 저는 단단해져야 했습니다. 그들이 말하는 소위 비전 있는 일, 좋은 회사를 가고 많은 연봉을 받고 사회적으로 인정받는 일을 내가 하고 싶은가? 라고 스스로 되물었습니다. 꿈을 찾으라고 말하지만 당장 그림을 그리고 싶지만 생계 때문에 고민하는 저에게 청소일만큼 꿈을 좇을 시간과 돈을 보장해주는 일도 없다는 걸 생각하며 자기확신을 키워야 했죠.

물론 저를 괴롭힌 건 외부의 시선만은 아니었습니다. 청소일은 자주 저 스스로를 작게 보게 만듭니다. 궂은일을 하며 땀으로 범벅된 자신의 모습에서, 누군가 막고 간 변기에서, 아무리 버리지 말라고 당부해도 쓰레기를 투척하고 가는 아무개들… 종종 화가 치밀고 내가 이러면서 돈을 벌어야 하는가 하는 '현타'가 오기도 합니다. 그 '현타'를 이겨내려면 자신을 단단하게 지킬 수 있는 튼튼한 마음이 필요합니다. 저는 그럴 때 통장 잔액을 보면서 마음을 다잡습니다. 네, 통장 잔액을 보며 '아, 뭐 돈 벌면서 못 볼 꼴 좀 볼 수도 있지' 하면서 마음을 다잡습니다. 제가 하는 일이 본질적으로 '더러운 꼴'을 보고, 그걸 치우는 일이라는 걸 다시금 상기하고요.

*

육체노동이 유독 사회적으로 비하받는 것 같기도 합니다. 사람들은 청소일을 하는 제게 대단하다고 하면서도 자기는 절대 못한다고 고개를 절레절레 내젓기도 하고, 종종 '내 자식은 험한 일 안 했으면 좋겠던데…' 하는 말을 합니다. 그럴 때 저는 일이란 무엇인가, 험한 일이란 무엇인가, 일을 왜 하는가… 하는 상념에 빠집니다. 제가 하는 일이 험하다면 험하지만, 세상에 어떤 일이든 '쉬운 일'은 없는데 말이죠.

제게 청소일을 권한 건 저희 엄마입니다. 저는 저희 엄마가 먹이를 잡아다주는 대신 먹이를 스스로 사냥하는 법을 가르쳐주었다고 생각합니다. 그리고 저는 그런 엄마를 진심으로 존경하고, 청소일을 하는 저희 모녀 듀오가 자랑스럽습니다. 엄마는 자식에게 무조건 편한 길만을 권하는 것이 능사는 아니라는 것을, 먹고사는 일이란 원래 험난하고 힘들다는 것을 알려주었습니다.

저는 실제로 사무실에 앉아서 회사 생활을 할 때보다 청소일을 하는 지금 몸도 마음도 더 건강하고, 일상도 윤택합니다. 지금 하는 일을 시작한 덕분에 저는 성실하고 꾸준하며 단단한 어른으로서 책임감 있는 값진 삶을 얻을 수 있었고, 꿈꾸던 창작일도 유지할 수 있게 됐습니다. 남들의 시선이나 말이 돌이 되어 저를 때려도 강철처럼 단단해진 마음으로 그 돌들을 튕겨낼 수 있습니다. 그리고 설령 청소일을 하지 못하게 되는 날이 온다 해도 삶을 제 나름으로 잘 헤쳐나갈 수 있을 거란 자신감이 생겼습니다.

당신이 하는 일은 당신을 어떻게 변화시키나요? 당신의 삶에 일은 어떤 의미인가요? 어떤 일을 하면서 살아갈 것인가에는 정해진 답은 없다고 생각합니다. 그저 나에게 맞는 일을 찾아서, 나만이 할 수 있는 답을 서술해나가는 것만이 길이 아닐까 싶네요. 오늘도 부단히 일하셨거나 혹은 일을 찾으시거나 고민하는 분들에게 동지로서 심심한 위로와 응원을 보내봅니다.

'일' 그것참 어렵지만, 또 잘해내봅시다.

유튜브
크리에이터의
퍼스널 브랜딩

이연

2018년, 자신만의 길을 걷기 위해 긴 시간 디자이너로서 일하던 회사를 나왔다. 유튜브 채널 '이연 LEEYEON'이 80여만 구독자들의 마음을 사로잡으며 독보적인 미술 크리에이터로서 자리매김했다. 『매일을 헤엄치는 법』『겁내지 않고 그림 그리는 법』 등을 썼고, 현재는 1인 회사 '이연 스튜디오'의 대표로서 다른 누구도 아닌 자기 자신에게 소속되어 움직이고 있다.

01

이름으로 사는 삶

'조형예술학과'. 뭘 하는지 가늠도 할 수 없는 이름이었다. 조형 예술을 한다는 건가? 여기서 조형이라는 게 뭘 의미하지? 입시 원서를 쓰기 전에 학원 선생님께 물었다. 그는 고민을 하다 이렇게 답했다. "네가 원하는 걸 할 수 있는 학과야." 두루뭉술한 대답의 모양을 보니 선생님도 제대로 모르는 것이 분명했다. 입학해보니 대충 둘러댄 그의 말이 영 틀린 건 아니었다. 실제로 순수미술 전반을 다루는, 표현의 경계가 없는 회화과였기 때문에 원하는 작업은 뭐든 자유롭게 할 수 있었다. 입학하자마자 처음 들은 수업은 조소였다. 나이가 지긋한 교수님이 들어와서 강의실에서 새파란 신입생들을 바라보며 이렇게 말했다. "여기서 작가가 몇이나 나올까?" 그가 덧붙인 말에 의하면 보통 한 학년에 서너명 정도만 작가가 된다고 한다. 나는 눈을 반짝이며, 그중 한명이 나라고 생각했다.

나는 유용한 창작을 하고 싶었다. 아무래도 조형예술학과에서 배우는 것들은 낭만적인 구석은 있었지만 여러 방면에서 실용성이 떨어졌다. 2학년이 되자마자 시각디자인을 복수전공하기 시작했다. 컴퓨터를 다루는 것은 내게 어렵지 않은 일이었고, 만약 나중에 작가가 된다면 내가 디자인한 상품을 만들고 싶다고 생각했다. 상상만으로도 재밌었기 때문에 과감하게 꿈의 마감 기한을 만들었다. 대학교를 졸업하기 전에 유명한 일러스트레이터가 되어야지. 이게 될 거라 생각했다. 학점이 꽤 잘 나왔고 장학금도 여러번 받았으니까, 이 정도면 학교 밖에서도 인정받을 수 있을 거라 생각했다.

시간이 흘러 4학년이 되었다. 유명은커녕 인스타그램 팔로어 수는 300명 언저리였다. 교수님은 졸업 작품 스케치를 가져갈 때마다 기다렸다는 듯 별로라고 하며 내쫓았다. 졸업작품 하나 제대로 못 만드는데 작가가 된다고? 스스로가 너무 한심하게 느껴졌다. 힘들게 두 전공의 졸업작품 전시를 마쳤다. 죽지 못해 한 졸작이 그래도 기자의 눈에 들었는지 잡지 『월간 디자인』에서 우수 졸업생으로 선정해줬다. 인생 첫 인터뷰였다. 기사의 타이틀은 '이 학생을 주목하세요'. 다양한 학교의 학생들을 대상으로 기획된 기사였기 때문에 인터뷰는 서면으로 진행이 됐고 나는 패기 있게 적어서 보냈다.

Q. 앞으로의 계획이 있다면 소개해주세요.

A. 디자인을 잘하는 일러스트레이터가 되고 싶습니다. 직접 그림도 그리고, 편집까지 마무리할 수 있는 역량을 키우는 것이 목표입니다. 20대에는 어른들이 들으면 욕할 만한 철없는 짓을 잔뜩 하려 합니다. 잃을 것이 없을 때 다양한 도전을 해보고 싶습니다.

"철없는 짓"을 해보기 위해 비겁하게 5학년 1학기 3학점을 남겨둔 상태였는데 갑자기 인턴 제의가 들어왔다. 생생하게 기억난다. 스물세살, 12월 23일. 크리스마스 이틀 전 첫 출근을 했다. 회사에서 나누어주는 크리스마스 케이크를 받았다. 비싼 백화점 케이크였다. 내가 이걸 받아도 되나? 몰라, 맛있게 먹자. 기숙사 친구들과 사이좋게 나누어 먹었다.

내가 취업한 곳은 아주 특이한 회사였다. 제지 회사 소유의 디자인 관계사였다. 이름만 들으면 다들 아는 브랜드 제품을 디자인하는데 그걸 디자인하는 우리 회사는 아무도 모르는 이름을 갖고 있었다. 쉽게 말하자면 아버지를 아버지라고 부르지 못하는, 서자인 셈이었다. 그래서 친구들이 어디 회사에 다니느냐고 물으면 습, 하고 한번 숨을 들이쉰 뒤 랩을 내뱉듯 복잡하게 설명했다.

'○○○ 회사 알지? 거기가 본사고, 그 밑에 속한 여러 관계 사가 있어. 그중에 디자인만 하는 회사가 따로 있거든? 그게 우리 회사야. 에이전시는 아니고 거의 인하우스인 셈이지.'

매번 이렇게 구구절절 설명하는 게 싫었다. 그래도 참고 다녔던 건 근무환경이 꽤 쾌적한 덕이었다. 교육 시스템이 잘되어 있는 회사였기 때문에 다양한 외부 수업을 받을 수 있었고, 적절한 노동 강도 덕분에 늘 정시에 퇴근을 했다. 디자인 회사에 다니는 다른 친구들이 전부 야근을 하는 입장이었기 때문에 나는 이만한 회사도 없다고 생각했다. 나름대로 만족스러운 직장생활이었다.

동시에 지루한 날들의 연속이었다. 디자인하는 품목은 기저귀, 생리대, 휴지, 물티슈, 미용티슈가 전부였다. 매번 '순해요' 내지는 '부드러워요' 또는 '1＋1' 같은 문구를 잘 보이게 쓰는 게 제일 중요한 디자인 포인트였다. 그렇게 판촉물과 패키지를 열심히 만드느라 취업 후 그림을 안 그린 지 1년이 지났다. 다시 그림을 그리려고 하니 덜컥 겁이 났다. 나 그럼 앞으로 계속 디자인을 해야 하나? 옆 책상에 앉은 과장을 봤다. 저분이 나의 미래?

하… 수심이 가득한 신입의 속도 모르고, 다들 우리 회사만 한 신의 직장이 없다고 말했다. 우리 회사는 여자가 다니기 좋은 회사야(그냥 여초 회사). 아이 낳기 좋은 회사야(육아휴직 3개월). 평생 직장이야(경력직 연봉 못 줘서 신입밖에 안 뽑음). 당시에는 괄호에 써놓은 의중을 읽기엔 어린 나이, 스물네살이었다.

이 회사를 계속 다니면 대리가 되고, 과장이 되고, 나중엔 최대 부장이 되겠지. 그게 내 꿈이었나? 회사 아이맥의 검은 화면을 보면서 질문을 던졌다. 나 회사원 되려고 태어났나? 그러려고 어릴 때 그렇게 열심히 크로키를 했나? 공허한 물음이었다. 어디서도 내가 원하는 대답은 들리지 않았다. 그렇다고 애매한 그림 실력을 갖고 퇴사를 할 엄두도 안 났다. 그도 그럴 게, 간혹 퇴사한 아무개들의 소식이 괴담처럼 들렸기 때문이다. 걔 재취업 안 돼서 부장님한테 다시 들어오게 해달라고 빌었다잖아. 나중에 알게 된 사실은, 이 회사를 나간 사람들이 사실 멀쩡하게 잘 사는데 망한 것처럼 소문이 난 것이었다. 하지만 당시에는 순진해서 몰랐다.

공허한 물음에 내 나름의 대답이 필요했다. 그래서 취업을 한지 딱 1년이 되던 날, 퇴근 후 그림일기장을 사서 하루 일과를 그리기 시작했다. 내게는 나름 창작의 재활운동인 셈이었다. 디자인 회사에서는 내가 그림을 이만큼 잘 그린다는 것을 아무도 몰랐다. 그러니 나마저 까먹으면 영영 잊히게 될 것이었다. 영화 「센과 치히로의 행방불명」을 보면 치히로는 본명을 빼앗기고 센이라는 이름으로 지내게 된다. 그러다 나중에 만난 하쿠가 얘기를 한다. 네 이름을 절대 까먹어서는 안 돼. 나도 내 이름을 잊었어. 네가 누구인지 늘 기억해줘. 치히로가 본인의 이름을 잊어버리지 않으려고 애쓰는 것처럼, 나도 나의 정체성을 잊지 않기 위해 그림일기를 그렸다.

*

  그림일기가 여러 권 쌓이고, 회사를 다닌지 꼬박 3년이 되던 즈음 나를 못마땅해하던 상사의 괴롭힘이 심해졌다. 그 때문에 이직 준비도 하지 못한 채 갑작스러운 퇴사를 하게 되었다. 우울증으로 건강이 악화된 탓이었다. 지금은 담담하게 말하지만 당시엔 거의 죽을 뻔했다. 공황장애가 생각보다 심각한 수준이었다. 우선 살고 봐야겠다는 생각에 사직서를 냈다. 퇴직 사유는 누가 봐도 직장 내 괴롭힘이고, 원인 제공자가 뚜렷했지만 나는 지쳐 있는 상태였기 때문에 피곤한 퇴사는 하고 싶지 않았다. 사유를 적는 칸에 '병가'라고만 적어뒀다. 실업급여는 바라지도 않아서 달라고 하지도 않고 나왔다. 나중에 알고 보니 나 말고 다른 직원들도 전부 실업 급여는 안 챙겨줬다고 한다. 생각할수록 그때 나오길 잘했구나 싶다.

퇴사를 하니, 모든 것이 백지처럼 느껴졌다. 회사를 덜어낸 마음에는 헛헛한 바람이 드나들었다. 문득 조형예술학과에 입학했던 스무살 3월의 내 얼굴이 생각났다. 꿈꾸던 서울로 대학을 왔어. 여기서 재미있는 것들도 잔뜩 배우겠지. 나는 진짜 멋진 어른이 될 거야… 현실은 계획 없는 27세 퇴사자였다.

여기서 내가 나를 백수라고 부르면 정말로 그렇게 전락할 것 같았다. 그래서 스스로를 부를 새로운 이름을 지었다. 그리고 그 이름을 짓자마자 처음으로 한 것이 브런치 작가 지원이었다. 다행히 합격 메일을 받았다. '축하합니다, 이연 작가님.' 이 짧은 문장에 나는 뭉클한 기분이 들었다. 그래, 적어도 브런치가 인정한 작가야. 이 작은 메일을 용기 삼아 나는 이날부터 스스로를 작가라 부르기로 다짐했다.

'20대 때는 철없는 짓을 잔뜩 할 겁니다'라는 첫 인터뷰에 밝힌 포부처럼 나름대로 돈은 안 되지만 재미있는 일들을 많이 했다. 퇴직금으로 유럽 여행 다녀오기, 플리마켓 참여하기, 방방곡

곡 전국에 있는 친구 집 다녀오기, 집에서 「저스트 댄스」하면서 춤추기, 연식당이라는 이름의 홈파티 열기 등등. 디자인 외주가 주된 생업이었지만 그외에도 다양한 일을 했다. 로고 디자인, 패키지, 웹 디자인, 크라우드 펀딩 등등… 먹고살 수 있는 일이라면 전부 했다. 소속 없이 이름만으로 무엇을 할 수 있는지 실험해보고 싶었다.

그러다가 11월 11일, 아무 약속 없던 빼빼로 데이에 유튜브 채널을 개설했다. 하던 일들 중에서 크게 잘된 일이 없었기에 아무런 기대 없이 시도한 일이었다. 유튜브를 시작한 이유는 단순하다. 내가 그림을 이만큼 그릴 줄 아는데 딱히 쓸 데가 없어서 아깝다는 생각이 들었기 때문이다. 이걸로 강의라도 만들면 누군가에겐 큰 도움이 되지 않을까? 미술 학원이 꽤 비쌌기 때문에 미술을 전공하지 못했던 그림 친구들이 기억에 남았다. 어릴 때는 그림 친구가 그렇게 많았는데 이제는 한명도 안 남았다. 내가 그림 그리는 방법을 알려주면 친구들이 돌아올 수도 있겠지. 하여튼, 부모님의 귀한 돈 들여서 배운 미술 지식을 나 혼자 아는 것은 아까운 일이었다. 그래서 개인적 기록의 차원에서 내가 알고 있는 그림에 대한 생각과 노하우를 남기기 시작했다.

조회수도 잘 나오고, 구독자 수도 나쁘지 않았다. 그래도 조회수는 1000회, 구독자 수는 300명 남짓이었다. 큰 기대는 안 했기 때문에 유튜브를 시작한 지 얼마 안 되어 취업 준비를 시작했다. 버티고 버티다 지낼 돈이 전부 떨어졌기 때문이다. 돈이 없었기 때문에 가장 먼저 입사할 수 있는 곳을 골라서 빠르게 면접을 보고 보름 만에 취업을 했다. 근데 그 회사 합격 소식을 듣자마자 유튜브 채널이 알고리즘의 축복을 받은 것이다. 일주일 만에 채널이 고속으로 성장하여 구독자가 300명에서 3만명이 됐다. 그래프가 지붕을 뚫을 기세였다. 하지만 그렇다고 합격한 지 한달 된 회사를 버릴 수는 없는 노릇이었다. 우선은 회사에 들어가서 유튜브를 안정적으로 키워야겠다고 판단을 했다. 그런데 갑자기 다니고 싶었던 꿈의 기업에서 헤드헌터를 통해 입사 제안이 왔다. 혼신의 힘을 다해 한달 동안 새 회사 적응, 유튜브 영상 주 2회 업로드, 이직 준비를 동시에 했다. 인생에서 가장 뜨거운 한달 후, 다행히 원하는 회사로 이직할 수 있었다.

유튜버 데뷔와 더불어 두번째 회사 생활이 시작됐다. 그 회사는 이름만 대면 모두가 아는 대기업이었다. 디자이너로서 자존감이 낮았던 내가 새롭게 용기를 찾은 곳이기도 하다. 전 회사보다 다양한 제품군을 직접 디자인하고, 사진 촬영도 기획하고, 해외 출장도 다녀왔다. 무엇보다 처음 걸어보는 대기업 사원증이 짜릿했다. 가느다란 흰 끈에 달린 사원증을 매고 청계천을 거닐면 성공한 직장인이 된 듯한 기분이 들었다. 전 회사보다 규모가 크다보니 다양한 유관부서 동료들도 만날 수 있었다. 처음엔 잠깐만 다니고 퇴사하려고 했는데 다니다보니까 일이 점점 재미있었다.

하지만 유튜브 채널도 빠른 속도로 성장을 하고 있었기 때문에 결정을 내려야 했다. 10만명 넘으면 관둬야지. 근데 6개월 만에 실버버튼을 받았다. 보류. 수익이 월급을 넘으면 관둬야지. 근데 조회수 수익이라는 게 일정할 리가 없어서 안심하는 선까지 도달하기 쉽지 않았다. 아니면 30대 초반까지 다닐까? 그러기엔 내 유튜브 채널이 갖고 있는 잠재력이 아까웠다. 결국 나는 오래 고민을 하다가 구독자가 40만명이 되던 2020년 7월에 퇴사를 했다. 첫 회사 때와는 달리 축복을 받으며 헤어진 아주 산뜻한 퇴사였다.

그다음부터 쭉 내 이름으로 살고 있다. 몇년 동안 구독자 수가 300명 언저리였던 내 인스타그램의 팔로어는 10만명이고, 현재 유튜브 구독자는 80만명이다. 지금도 꾸준히 사람들에게 내이야기를 하면서 위로가 되는 메시지를 전하고 있다. 나쁘지 않은 수익을 벌고 있고, 감사한 마음이 들 때마다 기부를 하기도 한다. 한때는 3천만원의 연봉을 꿈꿨는데 내가 기부한 돈이 그만큼인 것을 보고 놀라기도 했다. 꿈을 펼치고 싶다는 뜻에서 지은 이연이라는 이름처럼, 내가 하고 싶은 것들을 펼치면서 사는 중이다.

취향이 풍부한 당신이
도전할 수 있는 것들

2019.1.1.

*브런치 작가 활동을 하면서 썼던 글은 전부 비공개 상태이다. 그중 하나를 공개한다. 이 글이 도전을 꿈꾸는 당신에게 산뜻한 용기가 되기를 바란다.

플랫폼으로써의 브런치를 즐기고 있다면, 분명 자신만의 취향과 안목이 있는 사람일 거라 생각한다. 그런 당신이 자신의 멋진 취향을 공유할 수 있는 여러 방법들이 여기 있다. 남들이 모르는 이중생활이랄까. 그 결을 뜯어보면 나는 이중을 넘어 거의 사중 오중 생활을 하고 있다. 블로그, 페이스북, 인스타그램, 텀블러, 유튜브, 브런치까지 안 해본 채널이 없고 지금 운영하는 것은 추려서 여섯개다. 남들은 왜 그렇게까지 바쁘게 지내냐고 대단하다고 묻지만 몰라서 하는 소리다. 자신의 이야기를 나누고, 소통하면서 온기와 태동을 느끼는 건 없는 시간을 쪼개서도 하고 싶은 아주 짜릿한 일이다. 오늘 1월 1일 신년 라디오에서 100세 인터뷰이는 이런 말을 하였다. "일을 사랑하는 것은 인간을 사랑하는 것이다." 베풀고 사랑하는 것을 업으로 삼으며 일한 것, 그것이 그의 장수 비결이었다. 전문 지식이 없어도 괜찮다. 당신이 소중히 여기는 그 취향, 그것이야말로 대단하고 귀한 것이니까. 취향을 공유할 수 있는 플랫폼을 추천한다. 혹시 모르지 않나, 그것이 당신의 직업이 될 수 있을지도.

선별 기준

- 분야에 특화되어 있는 플랫폼이어야 한다.

- 지원 방법이 어렵지 않아야 한다.

- 사명감을 느낄 수 있어야 한다(호칭).

- 지속, 발전 시에 이익이 보장되어 있어야 한다.

✦ 벅스 뮤직 피디

나는 벅스의 충실한 이용자였다. 벅스는 UI 디자인도 예쁘지만, 뮤직 피디들의 선곡이 특히 좋다는 소문에 입성했다. 근데 그것 또한 시간이 지나니 노래가 내 맘에 차지 않았다. 친구에게 이런 고충을 털어놨다. 요즘 피디들 음악 중에 들을 음악이 없다고. 그러니 그가 말했다. 그럼 네가 한번 해보는 거 어때? 생각해보니 안 될 것도 없었다.

지원 방법

뮤직 피디 지원은 간단하다. 다만 웹에서만 가능하다. 벅스 뮤직 피디 링크에 들어가 우측 상단에 있는 뮤직 피디 지원하기를 누르면 된다. 지원 사유를 적고 나만의 플레이리스트를 만들어서 노래를 선별하고 선별 이유를 적은 다음 지원하면 끝이다.

나는 브런치에 자기소개 겸 플레이리스트를 적은 글을 올렸고 일주일 만에 승인을 받았다. 그렇다면, 뮤직 피디를 하면 무엇이 좋을까?

뮤직 피디 장점

   1. 벅스 음악 이용권 지급(월 2회 활동 시)

   2. 앨범이 승인될 때마다 포인트 지급(현금 인출 가능)

나는 1번만으로도 충분히 만족스럽다. 내가 평소에 자주 듣는 노래를 부지런히 공유만 해도, 음악 스트리밍 고정 지출을 줄일 수 있다니 얼마나 행복한 일인가. 그러니 평소에 '금귀' 소리를 좀 들어본 당신, 뮤직 피디에 지원해보는 게 어떨까? 소소한 댓글과 좋은 반응은 덤이다!

✦ 브런치

브런치에 이 글을 쓰는데 감히 브런치를 빼놓을 수 없다. 나는 작년 회사를 관두면서 브런치 작가 신청을 했는데, 여러편의 글을 발행하면서 좋았던 순간이 많다. 우선 늘 일기만 쓰던 내가 처음으로 에세이 형태의 글을 쓰게 되었고, 종이에 머물던 내 글이 웹에 올라오며 많은 사람들에게 읽혔다. 그림만 그리던 내가 글로써 이런 즐거움을 경험한 것은 매우 새롭고 기쁜 일이었다. 브런치 무비 패스 활동으로 시사회도 여러번 다녀올 수 있었고, 나의 스페인 여행을 즐겁고 생생하게 기록할 수도 있었다. 무엇보다 작가 승인이 되면 내가 나의 취향에 맞는 주제로 매거진을 연재할 수 있다는 것이 아주 즐겁다. 브런치를 시작하면 글을 못 쓰는 사람도 글이 늘게 된다. 왜냐면, 브런치는 글을 쓰고 싶게 만드는 플랫폼이니까.

지원 방법

브런치 사이트에 들어가면 작가 지원하기 버튼이 바로 보인다. 그다음은 지원 안내 페이지에 아주 잘 나와 있다. 미리 작가의 서랍에 글을 써두고, 지원 동기와 함께 제출하면 끝이다. 승인 결과도 일주일 내로 비교적 빨리 확인할 수 있다. 종종 브런치 작가 되는 방법에 관련한 글들이 올라오는데, 나는 사실 내가 어떻게 한번에 작가 승인이 된 건지 아직도 믿을 수 없다. 글에 더불어 그림을 첨부했는데 아마 그게 플러스가 되지 않았을까 싶다. 브런치는 잘 쓰는 것도 중요하지만, 주제의식이 뚜렷하고 흥미로운 글을 쓰는 사람들이 승인을 받아 활동하는 것으로 보인다. 당신도 할 수 있다.

브런치의 장점

    1. 작가 호칭 부여(생각보다 신난다)

    2. 연계 프로그램이 다양하다(브런치 북 프로젝트/브런치

무비 패스).

✦ 유튜브

    유튜브는 이용하는 연령대가 다양하고, 콘텐츠가 넘쳐난다. 흥미로운 점은 유튜브가 비집고 들어갈 틈이 없는 레드오션이라기보다, 많은 반응과 피드백이 잠재되어 있는 양분 많은 토양에 가깝다는 것이다. 사실 인스타그램, 블로그, 브런치 등은 전부 조회수나 댓글 수에 한계가 있다. 유튜브도 마찬가지지만, 내가 도전해본 그 어떤 채널보다도 빠르게 반응이 오고 성장하는 느낌이 든다. 다만 그 어느 것보다 콘텐츠가 뚜렷해야 할 것이다. 브런치에는 내 라이프스타일 전반에 대한 글을 쓴다면, 유튜브에는 그림을 처음 시작하는 사람을 타깃으로 드로잉 입문에 도움이 되는 다소 전문적인 영상을 올리고 있다. 처음엔 넓은 채널이니 만큼 악플이 많지 않을까 염려했는데 댓글창을 보니 천사가 더 많다. 정말이다. 그러니 당신도 용기를 내길 바란다.

시작 방법

지원할 필요도 없이 유튜브는 바로 시작하면 된다. 카메라가 없으면 핸드폰으로 촬영하면 되고 동영상을 편집할 줄 모르면 원테이크로 쭉 찍어서 올려도 된다. 중요한 건 뭘 어떻게 하느냐가 아니다. 일단 시작하는 것이 중요하고, 모든 것은 그다음이다. 핸드폰으로 뭐든 찍어보고 한번 공유해보자. 나도 망설이느라 1년이 걸렸다. 손이 못생겨서, 목소리가 마음에 안 들어서, 카메라가 없다는 핑계로 영상을 안 만들다가 평생 유튜브는 못하겠구나 싶어서 일단 그냥 핸드폰으로 아무거나 그린 것을 찍어서 올렸다.

지금은 어떻냐고? 한달 새에 구독자가 100명이 넘었다. 아기 유튜버는 2019년이 아주 기대된다.

유튜브의 장점

1. 구독자 수와 조회 시간이 일정 수치를 넘어가면 광고료를 받을 수 있다.

2. 직관적인 방법으로 나를 알릴 수 있다.

3. 사람들의 반응이 빠르다. 무관심 또한 반응이니 무엇이 문제인지 되짚어보자.

✦ 서포터즈

나의 서포터즈 역사는 길다. 고등학생 때부터 블로거였으며 대학생 때 수많은 기업의 대외활동을 했고, 지금도 종종 파워블로거인 언니의 대리인으로 체험단 리뷰를 쓴다. 서포터즈라는 게 한번 시작하면 꼬리에 꼬리를 물고, 아주 중독이 강하다. 새로운 제품을 무료로 체험해보거나 음식을 맛볼 수 있고 다양한 자리에 초대될 수도 있다. 서포터즈는 어디서 구할까? 어떤 사람들이 뽑히는 걸까? 일단 팔로하고 있는 브랜드의 인스타그램을 주시하자. 종종 서포터즈 공고가 올라온다. 아니면 평소에 이런 걸 하고 싶다고 주변에 떠벌리고 다니자. 친구들이 친절하게 태그해줄 것이다. 대학생이라면 스펙업, 아웃캠퍼스 등의 대외활동 사이트에 들어가면 된다. 아니면 블로그를 이참에 새로 시작해도 좋다.

지원방법

서포터즈 성격에 따라 다른데 나는 활동 기준이 까다로우면 안 한다. 내가 얻는 것도 있지만 분명 베푸는 것도 있기에 활동하는 횟수나 시간을 감당할 수 있는지를 먼저 따져본다. 항상 80퍼센트 확률로 서포터즈에 뽑혔는데, 나의 경우 그림 그리는 능력이 있는 게 도움이 많이 됐다. 무엇보다 소개 페이지를 정성껏 작성하는 것이 가장 기본이다. 제품 리뷰의 경우 팔로워 수가 중요하지만 아닌 것들도 꽤 있으니 다양하게 찾아보자. 나는 올해 출판사 창비의 손글씨 서포터즈로 활동을 하게 됐다. 뽑힌 사람들을 보니 전부 캘리그래피 인스타그램을 운영하는 사람들이다. 글씨를 못 쓰는 나를 뽑아주셨다. 이 말인즉슨 팔로어가 많지 않아도, 뭔가를 빼어나게 잘하지 않아도 뽑히는 경우가 있다는 것이다. 다들 주저 않고 서포터즈를 도전해봤으면 좋겠다.

서포터즈의 장점

1. 제품이나 서비스를 무료로 이용할 수 있다.

2. 콘텐츠를 생산하면서 동시에 기업의 마케팅에 직접 참여를 할 수 있다.

어렸을 땐 누군가에게 선한 영향력을 끼치는 게 단순히 봉사를 하거나 헌신하는 일이라고 생각했다. 지금의 생각은 다르다. 내가 좋아하는 일을 마음껏 사랑하고 나누는 것도 그런 일에 포함된다고 믿는다. 나의 즐거움이 당신의 기쁨이 되기를 바라며, 그리고 당신의 즐거움이 내게 와닿기를 바라며 글을 마무리한다.

살면서 내내 좋아하는 일을 하고 싶다는 생각보다는

싫어하는 일을 좀 덜 하고 싶다는 생각을

더 많이 했다.

02

시간을 이용하는 방식

살면서 내내 좋아하는 일을 하고 싶다는 생각보다는 싫어하는 일을 좀 덜 하고 싶다는 생각을 더 많이 했다. 이를테면 남들과 같은 공간을 공유하는 걸 별로 좋아하지 않는다. 그래서 대학생 때 널찍한 학교 작업실을 두고 50호 캔버스를 집까지 들고 와서 그림을 그렸다. 회사를 다닐 때는 사람들이 지나다니며 내 모니터를 보는 게 매번 스트레스였다. 그래서 항상 지금 다니는 회사를 마지막이라 여기며 늘 퇴사 생각만 했다. 이런 이야기를 하면 사회 부적응자 아니냐고 반문할 수도 있겠지만 나는 꽤 잘 적응하는 사람이었다. 정확히는 그게 피곤했던 거다. 나는 싫은 것도 사회가 원하면 맞추려 하는 사람이니까. 근데 사회에 나를 맞추고 남들을 만족시키다보니 끝이 없었다. 너덜너덜해진 나는 삶을 변화시킬 다른 방법을 고민했다. 그때가 스물여섯살 즘이었다. 하나씩, 삶에게 나를 맞추기보다는 내게 맞지 않는 삶을 덜어내기 시작했다. 시간이 흘러 서른한살이 된 지금은 꿈처럼 집에서 홀로 자유롭게 창작하는 작가이자 유튜버가 되었다. 만족도는 이루 말할 수 없다. 남들보다 많은 시간적 여유가 있고, 수입도 넉넉한 편이고, 영감을 주는 좋은 사람들과 교류한다. 그리고 나를 응원해주는 80만명의 구독자가 있다. 종종 인터뷰를 할 때 어떻게 지금과 같은 내가 되었느냐는 질문을 받는다. 그런 거창한 물음에 대답을 하기엔 아직 갈 길이 먼 사람이라 매번 아득하고 부끄럽지만… 그래도 이것만은 확실히 얘기할 수 있다.

> *"모든 것은 시간을 이용하는 방식에 따라 결정된다. 행복도 여기에 달려 있다."*
>
> —아널드 베넷 『하루 24시간 어떻게 살 것인가』 이은순 옮김, 범우사 1995

자유로운 직업이지만 내 하루 속에는 나름의 규칙이 있다. 당부하자면 항상 그렇다는 건 아니고, 그러려고 노력하는 사항들이니 내가 너무 열심히 산다고 오해하지 않았으면 좋겠다. 나는 다음 내용에 나올 것들을 실천하며 삶에서 싫어하는 것들을 덜어내고 좋아하는 것들을 많이 확보하려고 애를 썼다. 사실 각자의 삶이 다르지만 원하는 방향은 이게 전부 아닐까? 나쁜 거 빼고, 좋은 거 더하기. 그러려면 여러가지 삶을 들여다보는 게 좋다. 처음에는 다 좋은가 싶은데 계속 보다보면 나는 저거 좋아도 안 해, 혹은 나는 저거 사람들이 싫다지만 괜찮은데? 하는 것들이 보이기 시작한다. 그래서 나는 사람을 그리는 걸 좋아하는 김에 사람들의 삶도 많이 들여다보려고 애를 썼다. 내 이야기가 그중 하나가 되길 바라며 나의 하루 루틴에 대해 말해보려고 한다.

| 규칙 |

- 오늘에 연결된 어제와 내일의 문을 닫는다. 온전히 오늘 하루를 소중하게 여기며 살기 위함이다.

- 하루를 세개의 덩어리로 나눈다. 오전(08:00~14:00), 업무 시간(14:00~18:00), 저녁(18:00~24:00).

- 규칙을 지키지 못했을 시 너무 좌절하지 말 것. 실패는 수습하면 된다.

1. 오전: 혼자 좋아하는 일들을 하며 보내기

회사 다닐 때 가장 싫어했던 게 알람 소리다. 아무리 좋아하는 노래로 알람을 해도, 졸린 귀에는 송곳처럼 따갑다. 내게는 알람 없이 일어나는 게 기분 좋은 하루의 아주 중요한 시작점이 된다. 개운하게 눈이 떠질 때까지 충분하게 자고 일어난다. 그러면 8시쯤 된다.

입을 가볍게 헹구고 책상에 앉아 다이어리에 일기를 쓴다. 이름하여 '모닝 페이지'라는 것인데, 『아티스트 웨이』줄리아 카메론 지음, 임지호 옮김, 경당 2012라는 책에서 나온 창의성을 일깨우는 기록 방법이다. 마음속 시끄러운 말들을 다이어리 세 페이지에 탈탈 털어놓으면 머리가 깨끗해진다. 그렇게 미움과 걱정 등을 쏟아 내고 하루를 시작하기 위해서 매일 아침 일기를 쓴다.

9시에 옷을 갈아입고 요가 학원에 간다. 요가를 할 때에는 다른 사람들의 자세를 크게 신경 쓰지 않는 것이 중요하다. 종종 요가 경력 10년이 넘은 할머니들의 유연함을 따라가려고 혼자 무리를 할 때가 있다. 선생님은 '경쟁하지 않습니다'라고 조용히 말한다. 경쟁하지 않고 내 몸에 맞춰서 최선을 다하며 70분의 요가 수련을 하고 온다.

10시 30분에 집에 돌아와 샤워를 한다. 샤워는 꼭 11시 이전까지 마치는 것이 좋다. 그래야 12시까지 점심을 준비하고 먹을 수 있기 때문이다. 점심은 주로 파스타를 먹는다. 나는 스스로를 성북구 명예 이탈리안이라 생각한다. 그날의 파스타를 먹고, 설

거지거리를 물에 담근 다음 바로 일어나 산책을 나선다. 날이 선선하면 1시간 걷고, 아니면 보통 30분 정도 걷다가 들어온다.

* 이 시간 동안에는 휴대폰을 거의 들여다보지 않으려 애쓴다. 거래처에 오전엔 연락이 어렵다고 미리 말해두면 충분히 가능하다. 회사를 다니면서도 새벽에 기상하면 비슷한 루틴이 가능하다. 중요한 것은 마음가짐이다. 힘들 것 같지만 실제로는 노력하는 만큼 삶에 대한 애정이 많이 늘고 자존감이 높아진다. 그리고 해보면 알겠지만 일찍 자는 게 더 힘들다. 그걸 해내면, 누구든 아무도 방해하지 않는 고요한 오전 시간을 마련할 수 있다.

2. 업무시간: 4시간만 일하기

업무시간에 내가 하는 일들은 매번 바뀌기 때문에 그걸 나열하지는 않겠다. 대신 내가 어떻게 4시간만 일할 수 있는지에 대해서 말해보려고 한다.

나는 내 삶을 바꾼 책 중 하나로 롭 무어의 『레버리지』김유미 옮김, 다산북스 2017를 꼽는다. 책의 내용을 요약하자면 간단하다. 싫어하는 일, 남들이 할 수 있는 일은 이관하고 좋아하는 일과 나만이 할 수 있는 일에 힘을 쓰라는 것. 나는 겁과 의심도 많아서 남들에게 내 일을 잘 못 맡겼다. 근데 일을 맡기는 데도 기술과 경험치가 필요한 것이었다. 그간 나는 겁과 의심이 많아서가 아니라 그저 레버리지를 할 능력이 부족해서 모든 일을 떠안고 살아온 것이다. "당신을 인정사정없이 부렸던 사람들을 생각하세요." 그 문장을 읽으니 부들부들 치가 떨리며 오기가 생겼다. 그래, 그 사람도 했는데 나는 왜 못하겠어. 동시에 사람들과 함께 일한다는 건, 내가 하기 싫은 일을 전가하거나 다른 사람을 인정사정없이 부린다는 의미가 절대 아니었다. 내가 하는 일을 누군가는 싫어할 수도 있다. 내가 싫어하는 일을 누군가는 좋아할 수도 있기 때문에 맞교환하면 된다. 그래서 나는 나를 도울 사람들을 모으기 시작했다. 첫번째가 택시였고, 두번째가 집 청소 서비스였다. 나는 일정한 곳에 출퇴근하지 않아도 되는 대신, 예측할수 없는 다양한 장소에서 일을 한다. 그럴 때마다 경로를 찾고, 환승을 하면서 이동하면 많은 에너지가 든다. 그때 택시를 이용하면 아주 많은 체력을 아낄 수 있다. 택시 기사님은 운전을 좋아한다. 나는 운전을 못한다. 대신 그 시간에 돈을 벌고 택시비를 지불하면 서로 행복한 거래를 하는 것이다. 둘에게 전혀 손해가 되지 않는다. 청소 서비스는 집에서 일을 오래 하다보니 귀찮은 청소거리가 많이 쌓여서 스트레스를 받아서 시작하게 됐다.

애초에 크게 어지르는 편이 아니라서 2주에 한번, 2시간 서비스를 이용하는데 가격도 3만원 중반대로 합리적이다. 이 두가지를 하면서 레버리지 연습에 자신감이 붙었다. 3년 동안 직접 붙잡고 있었던 영상 편집을 다른 사람에게 이관했다. 책 또한 출판사와 함께해서 큰 도움을 받고 있다. 업무 커뮤니케이션을 대신해주는 MCN 파트너십도 적극적으로 이용한다. 최근엔 디자이너까지 고용했다. 그렇게 내가 하기 힘들거나 싫어하는 일들을 사람들에게 적극적으로 맡기고 덜어내니, 하루 4시간으로도 충분히 원하는 일을 할 수 있게 되었다.

* 꼭 강조하고 싶은 건, 집중을 열심히 한다든가 계획을 잘 세우는 식의 결로는 내 업무시간을 줄이는 데 한계가 있다는 거다. 같이 일할 사람을 찾아야 한다. 그러기 위해서 노트에 본인이 하는 일을 전부 쭉 적어보길 바란다. 그 안에서 내가 해야 하는 일과 내가 하지 않아도 되는 일들을 구분하면 된다. 나만이 할 수 있는 일에 힘을 쓸수록 경쟁력 있는 사람이 된다.

3. 저녁 : 제대로 휴식하기

일단 저녁을 쉬는 시간으로 빼둔 이유는 단순하다. 쉬지 않으면 일을 저녁까지 끌고 오기 때문이다. 그러면 자연스럽게 수면시간이 줄어들게 되고 건강 악화로 이어진다. 살면서 겪는 손해 중에서 건강만큼 치명적인 게 또 있을까. 그래서 일을 선택할 때의 가장 중요한 기준도 '나를 아프게 하지 않는 것'이다. (사람을 볼 때의 기준도 마찬가지다.) 동시에 저녁에는 아침만큼 머리가 맑지 않기 때문에 만들거나 기획하는 일은 지양하려고 한다. 그림을 주로 저녁에 그리는 이유는 그게 내게 머리 쓰는 일보다는 놀이에 가까워서 그렇다. 여러분도 본인이 어느 시간대에 가장 현명한 사람인지 알아두기를 추천한다. 그리고 그 시간에 최대 효율을 낼 수 있게 하루 루틴을 계획하면 생산성이 굉장히 높아진다.

어쨌든 저녁의 나는 생산성이 떨어지기 때문에 쉬는 것을 택했다. 쉬는 데에도 방법이 있다. 스스로가 만든 규칙과 규율을 좋아하는 나 같은 사람에게는 말이다. 나는 빛에 예민하기 때문에 조도 관리를 열심히 한다. 간접등으로 편안한 무드를 만들고 에어컨과 가습기, 제습기 등으로 온도와 습도를 조절한다. 그리고 꼭 샤워를 한다. 특히 사람을 만나고 온 날에는 더 꼼꼼하게 샤워를 한다. 사람과 만난 흔적을 씻어내는 나만의 의식이다. 그래야 다시 깨끗하게 내일의 나로 다시 태어날 수 있다고 믿는다.

그리고 쉽지는 않지만 전자기기를 멀리하려고 한다. 세상과 너무 많이 연결이 되어 있으면 영향을 많이 받게 되고, 또 거기에 맞춰서 살려고 하다보면 자연스럽게 힘이 든다. 수영이든 글쓰기든 그림이든 삶에서 항상 힘 빼는 것이 가장 중요하고 또 어려운 일이다. 저녁에는 내게 온전히 집중하면서 하루 동안 쓴 힘을 다시 회복하는 시간을 보낸다.

* 친구를 만날 경우에는 밤 11시 이전에는 돌아오도록 한다. 그래야 내일에 지장이 가지 않는다. 열심히 살겠다고 하루를 너무 오래 붙잡아 두는 것은 좋지 않다. 오늘을 잘 보내주는 연습을 해야 다시 건강한 내일을 받아들일 수 있다. 저녁은 오늘의 나를 쉬게 하고, 잘 보내주는 시간이다. 욕심을 내지 않도록 주의한다.

고백하자면 이 글을 루틴이 무너진 어느 일요일에 쓰고 있다. 지금 간신히 나의 하루를 수습하는 중이다. 이것도 삶이라 생각한다. 내가 이대로 매일 살고 있지는 않아도, 반 이상은 이렇게 해내곤 했으니까. 그리고 그렇게 돌아갈 거니까. 중요한 건 루틴은 철저히 잘 지키기 위해 있는 거라기보다는, 힘들거나 무너졌을 때 다시 돌아갈 곳을 마련하는 일에 가깝다는 생각이 든다. 오늘도 꼼꼼히 샤워를 할 것이다. 아무도 안 만났기 때문에 독은 묻지 않았지만 외로움이 잔뜩 묻어 있다. 샤워를 하면 이런 것도 씻어낼 수 있다. 우울은 수용성이기 때문이다. 다들 저마다의 하루를 잘 살아내길 바란다. 그리고 무너지더라도 언제든 자신이 꿈꾸는 삶으로 돌아가길 바란다. 싫어하는 건 절대 안 한다면서 아침부터 밤까지 열심히 사는 나. 사실 열심히 사는 건 좋아한다. 그런 내가 좋다.

협동조합이
일하는 방식

추혜인

서울시 은평구에 위치한 살림의료복지사회적협동조합 '살림의원'에서 가정의학과 의사로 일한다. 서울대학교 공과대학에 입학했으나, 성폭력상담소에서 자원활동을 하다 진로를 변경해 같은 대학 의과대학에 진학했다. 서울대학교병원 가정의학과에서 수련을 받았으며, 2012년, '살림의료복지사회적협동조합'을 창립했다. 건강하고 행복한 마을 공동체를 만들어온 8년의 공로를 인정받아 2019년 대통령 표창을 수상했다. 『왕진 가방 속의 페미니즘』을 썼다.

01

협동조합을 만들었습니다

제 진료실에 누군가 들어오시네요. 눈이 마주쳐 반가운 마음에 서로 목례를 합니다. 그 순간 팟 하고 꺼지는 진료실 조명. 우리는 어두컴컴한 진료실 안에서 멋쩍어합니다.

이런 일이 매일같이 생기는 건 제 진료실이 좁기 때문입니다. 한 공간에 의원, 치과, 운동센터가 다 들어가게 빼곡히 도면을 짜야 했던 탓도 있지만, 대기실에서 북적북적 주민들의 행사가 많이 열리지 않을까 기대했어요. 그래서 사다리꼴 모양의 건물 평면도에서 대기실을 최대한 직사각형으로 먼저 예쁘게 잘랐고요, 그러다보니 진료실이 정말 콩알만 해졌습니다.

작은 진료실 문을 열고 들어오면, 문을 마주 보고 의사의 책상이 있습니다. 환자분들은 문 안으로 한발짝 들어온 후 바닷게 걸음으로 옆으로 움직여야 하는 구조입니다. 그런 좁은 진료실에서 의사와 반갑게 인사를 하려다보니 등 뒤의 전등 스위치를 자기도 모르게 누르는 일들이 종종 생깁니다. 환자분들은 어이

쿠 당황하시지만 저는 수도 없이 겪다보니 그러려니 합니다.

보통의 방이라면 그 위치에 스위치가 있는 것이 맞지요. 문을 열었을 때 가장 가까운 벽의 손 닿는 높이에 있는 스위치. 하지만 진료실에선 전등 스위치가 진료실 책상 근처, 의사의 손 닿는 곳에 있는 것이 더 좋은 것 같습니다. 불을 끈 상태로 우드등을 밝혀서 피부의 곰팡이를 확인한다거나, 내시경으로 어딘가를 들여다볼 때도 어두운 것이 좀더 편하니까요. 2016년에 인테리어 공사를 한 후 내내 후회하고 있는 것이 바로 이 스위치 위치인데, 다음 인테리어는 언제쯤 하게 될까요?

✳

좁디좁은 제 진료실이 있는 이곳은 서울시 은평구에 위치한 살림의료복지사회적협동조합 살림의원입니다. 신입직원이라면 회사 이름 말할 때 꼭 한번쯤 혀가 꼬이고 말 정도의 긴 이름을 가진 의료기관인데요, 이름만큼 일반적인 의료기관과는 좀 다릅니다. 보통의 의료기관이라면 진료실에 힘을 주기 마련인데, 우리는 그러지 않았습니다. 물론 인테리어에 저도 함께 참여했습니다만, 공간을 디자인할 때 우리가 무엇을 우선순위에 놓았는가가 다른 거죠.

살림의원은 페미니스트들과 주민들이 돈을 모아서 함께 만든 협동조합 병원으로, 여성주의적 가치를 기반으로 주민들 스스로 운영해나가는 동네 의원입니다. '살림'이라는 이름도 주민(조합원)투표를 통해 붙여졌습니다. '생명을 살리다' '살림살이와 같은 돌봄노동을 소중히 여기다' 등등 여러 의미를 지녔습니다. 성별과 국적, 나이, 빈부, 성정체성, 질병의 상태와 관계없이 누구도 차별받지 않는 진료, 의료진과 주민의 평등하고 협동적인 관계를 만드는 것이 목표이기도 합니다.

저는 살림의원에서 가정의학과 의사이자 원장으로 일하고 있어요. 왜 여성주의적 가치를 내세우느냐고 물으신다면, 여성주의만으로 좋은 세상을 만들기는 힘들지만, 여성주의 없이 좋은 세상을 만드는 것을 불가능하다고 생각하기 때문이에요. 살림의원의 대기실 벽면에는 미용이나 성형을 권하는 광고는 일절 없고, 대신 「살림의료협동조합의 10원칙」과 함께 살림을 만든 수천명 조합원들의 이름이 하나하나 새겨져 있습니다.

*

　지금은 이렇게 진료실에서 의사 가운을 입고 일하고 있지만 저는 공대생이었습니다. 남초도 그런 남초가 없을 정도의 (개교 이래 그 과에 입학한 여학생이 제가 처음이었던) 공대에서 1년을 재미나게 보낸 후, 그해 겨울방학에 공대 여성위원회의 페미니스트 선배 언니들을 따라 성폭력상담소에서 자원활동을 했습니다. 그때 상담소의 활동가 선생님들이 참 많이 하셨던 말씀이 있었어요. "성폭력 피해자의 입장에서 증거를 채취하고 법정에서 증언을 해줄 의사가 필요하다."

　겨울방학이 끝나고 공대 2학년이 되어, 구조역학·유체역학·재료역학의 역학力學 3종 세트와 공업수학 수업을 듣던 중 봄바람에 정신이 확 깼습니다. 저는 이과생이기는 해도 물리를 사랑하지는 않았던 거죠. 빌딩과 기계보다는 사람을 더 공부하고 싶다는 생각이 들었습니다. 성폭력 피해자의 입장에 서줄 의사가 필요하다는 상담소 선생님들의 말씀이 귓전에 맴돌았고, 평소 여자가 살길은 전문직밖에 없다고 외치던 제 엄마의 말씀까지 양념이 되어, 결국 의대 입학을 위해 그해 말 수능을 다시 치게 되었습니다. 왜 공대에서 의대로 옮겼느냐고 누가 물어보면 당당하게 이렇게 대답했습니다. "여성들을 위한 병원을 만들고 싶다!"(솔직하게는 공대 공부가 안 맞아서이기도 했지요.)

의대에 들어와선 '여성들을 위한 병원'을 만드는 게 호락하지 않다는 걸 깨달았습니다. 아무리 작은 의료기관이라도 개원을 하려면 수억원의 돈을 은행 대출로 마련해야 하고, 결국 그 빚을 갚느라 좀더 수익이 많거나 보험이 적용되지 않는 치료 방법도 권하게 됩니다. 공적 역할을 해야 하는 일차의료기관임에도 공적 자원은 투입되지 않기 때문에, 환자에게 가장 좋은 선택과 의사에게 가장 좋은 선택을 항상 일치하게 만드는 것이 어려워집니다. 무엇보다 전 돈이 없었고, 호화로운 시설과 서비스를 자랑하는 여성 전문 병원들은 이미 많았습니다. 여자들을 귀한 소비자로 대접하는 그런 병원 말고, 여성주의(페미니즘) 가치를 가지고 운영되는 의료기관, 여자들이 직접 병원의 경영에 참여하는 그런 의료기관이 어디 없을까 찾던 차에 '의료협동조합'이라는 모델을 알게 되었습니다.

의료협동조합. 지역 주민들이 돈과 의지를 모아 의료기관을 직접 설립하는 것. 의원의 운영 방침은 주민(조합원) 회의를 통해 결정되고, 시설을 설립하기 위해 조합원들이 출자하는데, 여기서 발생한 잉여는 배당하지 않고 공적인 목적으로 쓰이게 되는 것. 어디에 얼마나 어떻게 쓸지도 조합원들이 결정하고, 어떤 의료인을 고용할 것인지, 병원에 어떤 장비를 마련할 것인지도 조합원들이 결정하는 것. 이거야말로 '여성들을 위한 병원'에 그치는 것이 아니라 '여성들이 직접 만들고 운영하는 병원'이 될 수 있을 것 같았습니다.

페미니스트 친구들에게 같이 만들자고 제안을 하고, 흔쾌히 동의한 그 친구들과 서울 은평구에 자리를 잡았습니다. 동네에서 '주민들이 돈을 모아 병원을 만들자'고 캠페인을 했지만, 원래 협동조합이라는 방식을 알던 생협/신협 조합원들과 시민사회단체 회원들 이외에는 반응이 열렬하지 않았습니다. 병원이라면 한 건물 건너 하나 있을 정도로 많은데, 무슨 병원을 또 만들어? 병원에 가기만 하면 전국민 누구나 건강보험 적용을 받을 수 있는데, 왜 우리가 굳이 병원을 만들어? 왜 병원을 이용할 때가 아니라 만들 때부터 돈을 내라고 하지? 무슨 병원이 이렇게 회의를 많이 하지? 조합원이 왜 또다른 조합원을 가입시켜야 한다고 하지? 여러 의구심을 일으켜, 급기야 피라미드 조직이 아니냐는 오해를 사기도 했습니다. 주민들이 힘을 모아 의료기관을 만든다는 게 일반적인 아이디어는 아니죠. 원래 의료기관은 의사만이 개설할 수 있게 되어 있거든요. 그러니 주민들이 피라미드라는 오해를 할 법도 합니다.

의료기관은 의사가 개원하기 때문에, 불법만 아니라면 어떻게 운영을 하든 소유자인 의사 재량입니다. 의무기록과 검사 결과도 병원이 문을 닫으면 확인하기 어렵습니다.* 병원이 폐업하는 건 식당이나 미용실이 문을 닫는 것과는 많이 달라요. 병원에 쌓여 있는 모든 의무기록은 의료진들이 기록한 것이지만 환자의 것이기도 하니까요. 몇년 동안 꾸준히 한 의료기관을 이용하며 의무기록을 쌓아왔는데, 한순간에 그걸 확인하기 어렵다고 한다면, '내가 무슨 고혈압약을 먹어왔고, 어떤 약에 부작용이 있는지, 혈액검사 결과가 어땠는지' 알 수 없어진다고 하면 얼마나 황당하겠어요? '폐업'이라고 하는 가장 중요한 결정조차 환자들과는 무관하게 이뤄지기 때문이죠.

하지만 협동조합 의료기관은 만들 때부터 주민들의 의지와 자본을 바탕으로 만들고, 운영 과정에서 주민의 참여와 협동을 보장하기 때문에, 중요한 경영적 의사결정에 주민들이 주체적으로 참여할 수 있습니다. 경영적 결정에 대해서 주민들이 책임을 함께 져야 하기도 하고요. 살림의료복지사회적협동조합에서도

---

* 병원이 폐업하면 보건소로 의무기록이 넘어가도록 법적으로 정해져 있기는 합니다만, 솔직히 기록을 확인하기가 쉽지는 않습니다.

성폭력·가정폭력 피해 여성들에 대한 무료 진료와 장애인과 거동불편 고령자에 대한 방문진료, 트랜스젠더에 대한 호르몬 치료 등을 조합원들이 함께 결정하였습니다. (이런 활동들을 통해 매년 비용으로 환산하면 6억원 이상의 사회적 가치를 창출하고 있다고 평가받고 있습니다.)

*

대학병원에서 일을 하다가 조합원들과 힘을 모아 2012년 스물두평 공간에 작은 의원을 열고 원장이 되었을 때, 저는 저의 가장 큰 역할이 의사로서 진료를 잘하는 것인 줄 알았습니다. 의사로서 진료하는 게 거기서 거기지, 크게 차이가 있으랴 싶었어요. 작은 의원이든 큰 병원이든, 협동조합이든 아니든, 진료실에 오시는 분들이 자신의 건강에 대한 고민을 털어놓고 나를 주치의로 신뢰하고 진료받을 수 있도록 하는 게 제일 중요하지 생각했어요.

하지만 웬걸, 진료실뿐 아니라 진료의 앞단, 뒷단을 모두 챙겨야 했습니다. 아무리 작은 의원이라도, 원장이 된다는 것은 그런 것이었어요. 직원들을 구하고 훈련하는 일부터, 건강보험공

단에 청구도 하고, 시설이나 장비 관리, 의약품·소모품의 재고 관리와 같은 병원 살림살이도 챙겨야 하고, 컴퓨터에 문제가 있는 것도, 전기 배선에 문제가 있는 것도 제가 알아야 합니다. 환자분의 곪은 상처에서 떨어진 구더기를 밟아 죽이는 일이나 환자가 구토한 토사물을 정리하는 일은 말할 것도 없고, 의원 안에 들어온 큰 벌을 잡는 것도 제가 했어요! (집에서라면 절대로 하지 않을…) 협동조합이라 조합원들과 함께 경영을 해나갈 수 있도록 통계를 정리하고 회의를 준비하는 것도, 직원들과 평등하게 협동하기 위해 화장실 청소를 하는 것도 제 역할이었습니다.•

하지만 이렇게 고단한 원장 생활을 헤쳐나갈 수 있게 해주는 건 역시 조합원들입니다. 저는 원래 거절도 잘 못하고, 협상도 잘 못하는 사람입니다. 외국 배낭여행지 가게에 걸려 있는 기념품 가격이 뻔히 바가지인 줄 알면서도 비싸게 주고 사는 사람입니다. 그런데 의료 장비를 구매하자면 장비 업체들과 협상해야 하고, 약품을 구입할 때도 제약회사와도 만나야 하니, 그 시간만 다가오면 긴장하여 스트레스를 잔뜩 받았는데요, 이게 의외로 어렵지 않더라는 겁니다. 내 지갑에서 나가는 돈이면 협상하느

• 지금은 다행히 의료기관의 규모가 커져서 청소를 담당하는 직원이 따로 계십니다.

라 골머리를 썩이고 부담스러운 시간을 견디느니 그냥 몇푼 더 주고 말겠는데, 이게 내 돈이 아니라 주민들이 모아준 돈이라고 생각하니 단돈 백원이라도 더 싸게 사야겠다는 결의에 차올랐어요. 저뿐만 아니라 협상에 임하는 모든 살림의 임직원들이 불타오르는 겁니다. "이거 우리 주머니로 들어오는 게 아닌 거 다 아시잖아요? 주민들이 모아준 돈으로 사는 건데 좀더 깎아주세요. 우리 주민들이 돈이 어디 있어요?"라고 당당히 요구할 수 있었고요.

협동조합이 든든한 뒷배로 있는 이런 상황이, 거절을 못하는 저의 성격에도 참 좋습니다. 가령 제약회사에서 신약 영업을 하기 위해 판촉물을 들고 왔을 때, 이 판촉물을 받아도 되느냐 마느냐 저 혼자 고민하는 것이 아니라 협동조합 이사회와 경영위원회에 올려서 논의하면 됩니다.• 그 결과 의원에서 소소히 사용하는 볼펜, 메모지, 종이컵, 물티슈 같은 것들을 제외하고는 받지 않기로 명쾌히 결정되었고요. 받네 마네 얼굴 붉힐 일 없이 "아시잖습니까? 우리는 협동조합이라 못 받습니다"라고 편안하고 느긋하게 말하기만 하면 되니까요.

• 맥○봉 소시지를 판촉물로 주는 제약회사가 있어, 이 소시지를 받느냐 받지 않느냐로 한참 회의를 했답니다.

새로운 약을 도입하는 것도 마찬가지입니다. 한달에 한번 약제 심의 회의를 열어 약품명, 제약회사, 가격, 도입하고자 하는 이유를 같이 논의합니다. 신규 약제를 도입하자면 그 사유가 누가봐도 분명해야 합니다. 가령 신약이라 새로 들여놓아야 한다든가, 기존에 우리가 처방하던 약보다 30퍼센트 이상 가격이 저렴해서 환자분들께 경제적으로 도움이 될 것이라든가, 매일 복용해야 하는 고지혈증 약인데 약 크기가 획기적으로 작아져서 복약이 편해질 것이라든가, 마이크로캡슐 방식의 특수가공을 거쳐서 아이들이 먹는 동일한 성분의 시럽제 중에서 제일 덜 쓰다든가, 명명백백한 사유와 함께 안건이 올라오는 건 조합원들이 함께하기에 가능한 구조입니다. 제가 혼자 병원을 차렸다면 지금만큼 합리적이고 만족스러운 결정을 내리기 쉽지 않았을 것 같습니다.

주민과 조합원들이 참여하는 여러 회의에서 만들어진 이런 결정 과정이 어떤 의사들에게는 답답하게 보일 수도 있겠죠. 하지만 의료협동조합에서 일하는 저와 같은 의사들은 도리어 편안함과 자유를 느낍니다. 자율성의 영역이 명확히 정해져 있기 때문이죠. 협동조합의 원칙을 지킨다면, 세세한 사항들은 자율적으로 결정할 수 있게 성장해가고 있습니다.

어떤 이들은 협동조합 의사로 일하는 제게 '좋은 일 한다'고 칭찬하지만, 사실 저는 제가 가장 편안하게, 잘 일할 수 있는 환경을 조합원들과 함께 만들어온 것이라고 생각합니다. 자본주의 시장경제의 틈새에서 살아남으면서도 제가 정의롭다고 믿는 방식으로, 심지어 대안적인 공동체를 만들어가는 방향으로 일하고 있으니까요.

그나저나 다음 인테리어는 언제 다시 하게 될까요? 역학은 포기했지만, 그래도 인테리어는 가끔 하고 싶은 옛 공대생입니다.

사람들은 제게 '좋은 일 한다'고 칭찬하지만,
사실 저는 제가 가장 편안하게 일할 수 있는 환경을
만들어온 것이라고 생각합니다.

02

협동조합을 만들고 싶은 당신에게

  말씀드렸다시피, 살림의원은 협동조합입니다. 병원이 협동조합이라… 어떤 식으로 운영되는 건지 궁금하실 분들이 많을 것 같습니다. 국제협동조합연맹ICA의 정의에 따르면 협동조합이란 "공동으로 소유되고 민주적으로 운영되는 사업체를 통하여 공통의 경제적·사회적·문화적 필요와 욕구를 충족시키고자 하는 사람들이 자발적으로 결성한 자율적인 조직"입니다. 시장논리에 따라 배분되는 것보다 높은 질과 적정한 가격에 유기농 농산품 같은 재화나 의료·돌봄·보육 서비스 등을 안정적으로 구매·생산·판매·제공하기 위해 만들어요.

  제가 협동조합에 관심을 가진 건 학생 때였습니다. 페미니스트들이 함께 만든 병원이 얼마나 멋질까 상상하며 의료협동조합을 공부하기 시작했는데요, 협동조합은 글로만 배울 수는 없기 때문에 직접 찾아가 보기로 마음먹었습니다. 마침 의대 4학년이 듣는 선택과목인 '지역사회의학실습'이라는 수업에서 그해 처음으로 "학생들이 찾아가보고 싶은 곳으로 실습을 배치해주 겠다"고 공언했기 때문에, 다들 딱히 적어낸 기관이 없었기에 의 료협동조합을 방문하고 싶다는 제 희망사항에 따라 아무 관심 도 없었던 우리 조 학생 모두와 함께 인천평화의료복지사회적 협동조합으로 실습을 나가게 되었습니다.

매일 인천까지 실습을 나가는 것이 쉽지는 않았지만, 우리는 일주일의 실습을 지역 주민들의 에어로빅 모임에서 몸을 풀면 서 젊은 학생들이 왜 이렇게 뻣뻣하느냐는 정감 어린 타박을 들 으며 시작했습니다. (노인장기요양보험 제도가 생기기도 전에 이미 하고 있었던) 치매 어르신 주간돌봄 활동에도 참여했고, 주 치의 선생님을 따라 철거촌 골리앗(망루)으로 방문진료를 나가 기도 했습니다. 골리앗에 모여 함께 생활하시던 철거민들이 끓 여주신 라면을 한 젓갈씩 나눠 먹으면서, 골리앗 주변 모든 건물 들이 파헤쳐져 있는 아포칼립스 같은 풍경을 보기도 했어요.

저를 따라 의료협동조합 실습에 뜻밖에 끌려온 의대 학생들 이 생경해하지 않을까 걱정했는데, 다들 병원 안에서만 생각하 던 '건강'과 이렇게나 다른 '건강'을 의료협동조합에선 느낄 수 있구나 소감을 얘기하더라고요. 역시 직접 찾아와보는 게 제일 좋습니다.

이 실습을 계기로 저는 한국-일본 의대생 교류회에도 참여하게 되었고, 일본의 오사카한신의료협동조합 견학할 기회를 얻었습니다. 만들어진 지 50년 된 의료협동조합이 얼마나 건강한 지역사회를 위한 활동을 다양하게 하고 있는지 보면서 감탄했죠. 그리고 내가 의사가 되면 꼭 의료협동조합에서 일해야지 다짐했습니다.

협동조합에 관심이 있다면, 선배 협동조합들에 방문해보시기를 추천드려요. 협동조합들은 협동조합 운영의 7원칙 중 제5원칙 '교육, 훈련 및 홍보'의 원칙에 따라 미래 세대, 특히 협동조합에 관심있는 후배들에 대한 교육과 훈련을 실천하고 있답니다. (물론 방문 전에 그 협동조합에 대해서 열심히 공부해가는 건 필수!)

＊

저와 함께 살림의료복지사회적협동조합을 만들었던 친구는 2년 이상을 다른 의료협동조합과 의료협동조합 연합회에서 근무하면서 일을 배웠습니다. 협동조합 운영은 정말 쉽지 않기 때문에, 이 친구가 이렇게 일을 배웠던 시간이 없었더라면 살림을 만들기는 불가능했을 거라고 생각합니다.

저는 이 시간 동안 가정의학과 레지던트로 수련을 받으며 보냈습니다. 그때의 살림 회의록을 보니, 제가 당직 근무를 마치고 회의에 참여해서 졸고 있는 모습도 기록되어 있더라고요. 저로서도 주경야독의 힘든 시간이었습니다. 병원에서 퐁당퐁당으로 당직을 서면서 (당은 야간 당직, 퐁은 야간 당직이 없는 날이에요. 간혹 운이 좋으면 퐁퐁당퐁퐁당도 있었고요. 물론 야간에 당직을 했다고 주간에 근무를 빼주는 법은 없었어요.) 당직이 없는 날엔 살림을 준비하는 회의에 참여하거나, 조합원 조직 사업에 참여하기도 했습니다.

레지던트가 끝날 무렵, 가정의학과 과장님께 살림 창립총회 초대장을 들고 청첩장 드리는 느낌으로 찾아뵈니, "추혜인 선생은 월급은 서울대병원에서 받고 근무는 살림에서 했나보네요?"라고 웃으며 말씀하시더라고요. 사실 제가 레지던트 생활을 열심히 했다는 것을 잘 알고 계셨기 때문에 해주신 말씀이었습니다. (제가 가정의학과를 수료할 때 후배 의사들이 뽑은 '가장 내 가족의 주치의를 맡기고 싶은 의사' 상도 받았고, 수료하는 동기들을 대표해서 졸업연설도 했었거든요.)

지금 쓰면서 봐도 정말 다시 하라면 못할 것 같은 시간이네요. 하지만 이 시간이 있었기에 협동조합 조직을 만들 수 있었다고 생각합니다. 아무리 협동조합이 말랑말랑해 보여도 하나의 조직이 만들어지기까지 쏟아부어야 하는 열정은 적지 않을 수도 있어요. 문제는 내가 그걸 기꺼이 즐겁게 할 수 있느냐, 또 함께 이 짐을 짊어질 멋진 동료들이 있느냐인 것 같습니다. 그리고 조직이 충분히 안정화된 뒤에 합류하는 사람들도 환대할 수 있느냐도 고려해야겠죠.

*

살림의원의 진료실에서 죽어라 일하고 있던 시절, 왜 의원 이름은 '살림'인데, 나는 '죽도록' 일하고 있을까 자괴감에 빠지려던 시절이었습니다. 저랑 같이 일할 의사가 더 있으면 좋겠다고 생각하던 때에, 누군가 의사를 소개시켜주고 싶다고 하셨어요. 살림의원에서 배우면서 일하면 너무 좋을 것 같다고요. 오옷, 좋은 동료가 생길지도 모른다는 기대감에 어떤 의사인지 여쭤보았는데, 그해 2월에 의대를 막 졸업하고 나온, 흔한 말로 의사면허증에 잉크도 안 마른 새내기 의사라는 겁니다. 거절하는 데 1초도 걸리지 않았습니다.

소개해주려던 분은 그래도 면접 삼아 그 친구를 한번 만나보면 어떻겠느냐고 하셨지만, 저는 저를 알거든요. 만나면 누구라도 좋아하게 되는 '금사빠'에다 제안을 거절하기 힘들어하는 제 성격을 아는데, 괜히 만나면 서로 미련만 생길 것 같아 살림을 생각하여 소개해주겠다 하신 마음은 감사하지만 만남을 거절하겠다고 했습니다.

무엇보다 살림의원의 상황이 새내기 의사를 받기엔 여의치 않았습니다. 새내기 의사를 교육·훈련'만' 시킨다고 하면, 어떻게든 하기는 하겠죠. 하지만 그 의사가 교육·훈련을 받으면서도, 그 와중에 적절한 진료의 질을 유지하도록 해야 하고, 심지어 합당한 매출까지 내도록 해야 하는데! 그걸 동시에 하는 건 수련병원과 같은 체계적인 시스템을 지니지 않은 이상 불가능합니다. 음, 만약 지금이라면 어떠려나, 우리도 이제 업력이 10년이 넘었는데 새내기 의사를 고용해도 되려나. 방금 고민해봤는데요, 그래도 안 될 것 같습니다.

협동조합은 들어와서 배워야 하는 게 너무 많습니다. 협동조합의 원칙부터 시작해서 협동조합적인 문화, 조직체계, 의사결정구조, 재무회계, 조합원 활동… 심지어 진료의 스타일도 협동조합이라 일반 병원과 다를 수밖에 없고요, 주된 환자군의 성향도 달라요. 게다가 살림에는 살림만의 독특함이 또 있으니까요. 우린 무려 '여성주의'를 내건 '의료'협동조합이라 페미니즘 공부도 해야 하거든요. 협동조합에 대해서만 배우기에도 빠듯하기 때문에, 사실 의료라고 하는 자신의 전문 영역에 있어서는 충분한 역량을 가지고 와주기를 바라는 욕심이 있는 겁니다. 이 욕심은 우리 스스로에 대한 냉철한 평가에서 나온 셈인데, 의대를 갓 졸업한 의사를 신뢰할 수 있는 진료가 가능한 의사로 만들기까지 수련시킬 역량과 체계를 우리 조직이 아직 가지고 있지는 않다는 평가인 것입니다.

살림을 함께 만들었던 치과 의사는 대학병원에서 수련을 받고 나온 뒤 살림에서 치과를 만들어서 일하기 전까지 동네 치과에 취직을 해서 일했습니다. 대학병원 규모와 시스템이 아닌 곳에서도 적정한 질의 치과진료를 유지하려면 어떻게 해야 할지 현장에서 배울 게 많다고 생각했기 때문이에요. 협동조합에서 필요한 역량이 모두 협동조합 안에서 길러지진 않습니다. 협동조합을 만들거나 취직하려면, 필요한 전문적인 역량을 다른 곳에서 미리 배우고 와야 할 수도 있습니다.

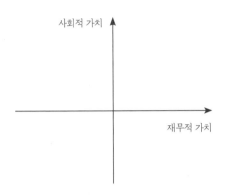

사회적 가치

재무적 가치

저는 협동조합에서 일하면서 무슨 사업을 앞두고든 항상 머릿속에 사분면을 그려보도록 훈련을 받았습니다. X축으로는 재무적 가치를 놓고 Y축으로는 사회적 가치를 놓습니다. 재무적 가치와 사회적 가치가 모두 높은 영역을 시작으로, 어느 한쪽이 부족한 영역, 둘 다 부족한 영역까지 머릿속에 사분면이 그려지면, 우리가 지금 하려고 하는 일이 어느 영역에 속하는지 생각합니다.

재무적 가치와 사회적 가치가 모두 낮은 영역에 속한다면 고민할 필요조차 없습니다. 그런 사업은 시작조차 말아야지요. 제일 좋은 건 재무적 가치와 사회적 가치가 모두 높은 영역인데, 모든 일이 다 이렇다면 얼마나 좋겠습니까만, 솔직히 이런 영역은 흔하지 않습니다. 우리 다 알잖아요. 결국 주된 고민은 애매한 영역들에 집중됩니다. 사회적 가치는 높은데 재무적 가치는 낮거나, 재무적으로는 안정적이지만 사회적 가치가 그다지 높지 않은 일들요.

저는 살림에서 중증장애인 방문진료를 맡아왔습니다. 2018년 하반기부터 매주 수요일 진료를 빼서 방문을 다녔어요. 그때는 방문 차량도 없어서 걷거나 공유자전거를 타고 골목을 돌아다녔습니다. 누구는 진료도 하랴 방문까지 나가랴 힘들겠다 했지만, 전 좀 신났어요. 하루 종일 진료실에만 갇혀 있는 게 힘들었거든요. 병원에 찾아오기 힘든 분들을 만나러 집으로 왕진을 가다니 낭만적이기도 했고, 환한 대낮에 거리를 돌아다니는 것도 좋았고요. 남들이 힘들지 않느냐며 안타까이 봐주는 시선도 그렇게 짜릿하게 좋을 수가 없었습니다.

그렇게 6개월 방문진료를 다닌 후, 보자, 방문진료로 벌어들인 매출이 얼마나 되나 봤더니 400만원 정도가 나오더라고요. 매주 수요일 진료를 포기하고 갔는데, 솔직히 말해서 400만원은 제가 마음먹고 진료실에 앉아 3분 진료 컷을 하면 딱 하루 만에도 올릴 수 있는 매출이거든요.

이때부터 아주 현실적인 우리의 고민이 시작되었습니다. 정말 이건 진짜 진짜 꼭 필요한 사업인데! 우리 병원이 아니라면

이 동네에서 다른 병원이 하기도 힘든 사업인데! 당장 방문진료가 필요한 환자분들이 너무 많은데! 도대체 이 원가도 남지 않는 수가를 가지고 어떻게 해야 하지? 그렇지만 이런 거 하려고 우리가 협동조합을 만든 거잖아? 하지만 우리한테 방문의료 잘하라고 나라에서 세금을 지원해주는 것도 아니고, 적정한 매출을 내야 병원 건물 월세도 내고, (저를 포함하여) 직원들 월급도 주고, 의약품도 구입할 텐데! 뭣보다 일이년 하고 말 게 아니라 꾸준히 지속하려면 이런 방식으로는 안 돼! 이 어마어마한 사회적 가치를 뒷받침하지 못하는 재무적 가치를 어떻게든 개선해야 했어요.

우리는 머리를 맞댔습니다. 방문 동선을 효율화하고, 방문 업무를 나누어 할 간호사, 치료사들을 구인했습니다. 중증장애인뿐만 아니라 어르신들에게도 방문진료가 필요하다고 정책 간담회나 언론 인터뷰 때마다 얘기하고, 사랑의열매 펀드도 땄습니다. 방문 한번에 여러 수요자를 진료할 수 있도록 장애인 지원주택/자립지원센터들과 협약을 맺고, 방문진료를 전담할 의사도 구했습니다. 은평신용협동조합이 방문 차량도 기증해주셨어요.

이렇게 여럿의 힘을 합쳐 방문의료의 재무적 가치를 꾸준히 올린 결과, 이제는 같은 시간에 더 많은 가정을 방문하면서도 더 원활하고 수준 높은 의료 서비스를 제공할 수 있게 되었습니다. 이건 그냥 우리가 더 많은 매출을 올릴 수 있게 되었다는 의미 정도가 아닙니다. 우리가 돌볼 수 있는 사람들의 숫자가 늘어난 거예요!

협동조합의 경영에서는 이 사회적 가치와 재무적 가치에 대한 고민을 지속해야 합니다. 협동조합은 뭐라 해도 기업이니까요. 저는 협동조합이 최고의 기업 방식이라고는 생각하지 않습니다. 다만 협동조합은 '협동'을 목적이자 수단으로 갖는 기업이라고 생각해요. 더 많은 협동을 만들어내기 위해 협동조합이라는 공동의 기업을 운영하고, 우리의 미션인 사회적 가치를 더 잘 달성하기 위해 점점 더 많은 사람들과 협동을 합니다. 참 재미있는, 하지만 무지하게 운영하기 어려운 기업입니다.

협동조합에 관심있는 독자들을 위한 추천

1. 한국사회적기업진흥원 https://www.socialenterprise.or.kr

협동조합에 대한 소개, 협동조합 설립을 위한 기초교육, 운영역량 강화를 위한 교육까지 온라인/오프라인을 망라하는 방대한 교육 자료가 있습니다. 한국사회적기업진흥원이 기획재정부와 함께 운영 중인 유튜브 채널 「협동조합」에는 여러 협동조합들에 대한 랜선 탐방기가 올라와 있답니다.

2. 각 지자체의 사회적경제지원센터

많은 시군구 지자체에서 사회적경제지원센터를 운영하고 있습니다. 우리 지역의 사회적 기업과 협동조합을 파악할 수 있습니다.

3. 한국의료복지사회적협동조합연합회 http://www.hwsocoop.or.kr

4. 추천 도서

의료협동조합이 어떻게 운영되고 있는지 좀더 생생한 이야기들을 읽고 싶으시다면, 『마을의사로 살아가고 있습니다』권성실 지음, 그물코 2021와 『살아 숨 쉬는 마을 만들기』니시무라 이치로 지음, 연리지 옮김, 알마 2013를 추천드립니다. 각각 한국 최초의 의료협동조합인 안성의료복지사회적협동조합, 일본 나고야의 미나미의료생활협동조합의 이야기를 담고 있습니다.

직장인의
회사 이용법

무 과 수   에어비앤비 공식 블로그를 운영하던 때에는 떠도는 삶
             에 대해, 오늘의집에서 일하면서는 머무는 삶에 대해
             고찰하며 현재는 프리워커로 자유에 대한 실험을 이어
             가고 있다. 『안녕한, 가』, 독립출판 『무과수의 기록』시
             리즈, 『집다운 집』을 펴냈으며, 한 단어로 정의할 수 없
             는 직업을 갖고 싶어 일과 딴짓의 경계를 허물고 버무
             려지는 삶을 추구하며 살고 있다.

조직 바깥의 '나' 만들기

어떤 일을 하세요? 이 질문에 대해서는 항상 명료하게 답하기가 어렵다. 지금은 직장을 떠났지만 최근까지 '오늘의집'이라는 인테리어 플랫폼에서 브랜드 마케터로 일했고, 직장인으로 일을 하면서도 회사 바깥에서는 지금처럼 다른 매체를 통해 글을 쓰거나 라이프스타일 관련 브랜드 컨설팅을 하고, 강연가·인플루언서로 불리면서 다양한 활동을 해왔다. 소위 'N잡러'처럼 작가 혹은 강연가, 브랜드 컨설팅 혹은 인플루언서 등 하는 일에 따라 다양한 호칭으로 살아가고 있다. 다양한 직업을 가진 사람이 되려는 목적을 가지고 일해온 건 아닌데, 어떤 선택들이 지금의 일하는 나를 만들었을까?

＊

나는 삼수를 했다. 재수와 삼수라는 결정을 했으면 공부에

매진했어야 하겠지만, 막상 재수생 생활 동안 가장 열심히 한 일은 블로그였다. 그때 한창 '파워블로거(지금으로 치면 인플루언서)'가 떠오르고 있었는데 좋은 대학에 가는 것보다 그런 사람이 되고 싶었던 것 같다. 재수는 그렇다 치고 삼수는 왜 했는지 여전히 알 수 없지만, 아무튼 그 당시 블로그 활동을 통해 깨달은 중요한 사실이 하나 있었다. 바로 인맥을 꼭 대학교를 통해 쌓지 않아도 된다는 것.

결국 사회에서 말하는 좋은 대학교는 아니었지만 수시로 대학에 가게 됐고, 부산에서 서울로 상경했다는 기쁨을 만끽하며 스물두살에 신입생이 되었다. 입학할 때 가장 먼저 다짐했던 건 '스펙을 위한 스펙을 쌓지 말자'는 것이었다. 그래서 대학을 다니는 내내 그 흔한 토익 시험 한번 치지 않고 열심히 놀면서 좋아하는 것을 열심히 탐구했다.

그러다 3학년을 마치고 휴학을 하려는데, 문제가 발생한다. 모든 교수님이 나의 휴학을 반대하는 것이었다. 지금 당장 취업 준비를 하면 좋은 회사에 바로 취직할 수 있는데, 대체 휴학하고 뭘 하겠다는 거냐고 물으셨다. "1년간 여행을 하고, 사진전을 열고 싶습니다"라고 대답했지만 아무도 공감해주지 않았다(나는 사진학과도 아니었다). 하지만 결국 휴학을 했고 이 결정은 내 인생에서 큰 터닝포인트가 되어주었다. 이때 나는 휘둘리지 않고 하고 싶은 것을 위해 꿋꿋하게 나아가는 용기를 배웠다.

휴학기간 1년 동안 다섯 나라에서 한달씩 살아보는 여행을 했다. 유명한 관광지보다는 남들에게 잘 알려지지 않은 곳, 화려한 곳보다는 자연스러운 것을 좋아하는 내 성향에 따라 주로 잘 알려지지 않은 곳들을 찾아갔다. 그 당시에는 관광지 중심의 여행이 대부분이어서인지 이런 로컬처럼 다니는 여행 이야기를 블로그에 올리자 꽤나 많은 사람들에게 관심을 받았다. 운이 좋게 마침 에어비앤비에서 '여행은 살아보는 거야'라는 슬로건으로 캠페인을 대대적으로 진행하고 있었고, 에어비앤비 작가로 선발이 되면서 브랜드와 인연을 맺게 된다.

활동이 끝나고도 이어진 나의 여행 포스팅을 눈여겨보셨는지 귀국 후 에어비앤비에서 인턴을 제안했다. 나는 그저 내 방식대로 여행을 했을 뿐인데, 꿈에 그리던 회사에서 먼저 연락이 오다니. 개인 사정으로 입사는 하지 않고, 에어비앤비 공식 블로그를 담당하게 되면서 얼떨결에 프리랜서로 사회생활을 시작하게됐다. 막연히 생각해온 마케터도 광고인도 아닌 에디터라니… 갑작스럽게 일을 하게 됐지만 내게 중요한 건 직함보다는 내가 진짜 어떤 일을 하느냐, 그 일이 재미가 있느냐였다. 여행을 다니면서 에어비앤비 호스트를 만나 인터뷰를 하고 그 지역의 음식과 공간을 소개하는 일은 그 당시 내가 가장 잘할 수 있는 일이자 하고 싶은 일이었다. 덕분에 자발적으로 남들보다 더 파고들어 몰입할 수 있었고, 해야 하는 게 하고 싶은 일인, 소위 말하는 '덕업일치'를 하며 살 수 있었다. 이때부터 일을 선택하는 나의 1순위 기준은 '재미'가 되었다.

*

그렇게 에어비앤비에서 일을 하던 중, 당시 살던 반지하 집에 물이 샜다. 급히 이사를 알아보다 우연히 발견한 감나무가 보이는 집으로 이사를 하게 되었다. 이때부터 본격적으로 집을 기반으로 일상을 가꿔가는 이야기를 온라인에 기록하기 시작했다. 이때부터 '여행'에서 '집'으로 자연스럽게 관심사가 옮겨간 게 아닌가 싶다. 여행을 할 때도 로컬의 삶과 생활을 중요시했으니 어떻게 보면 자연스러운 변화였을 수도 있겠다. 온라인에 올린 감나무집 이야기는 생각보다 많은 사람들의 관심을 받게 되었고, 매거진 인터뷰 제안이 들어오기도 하고 관련된 이야기가 담긴 책 『집다운 집』아르떼 2019으로 묶이기도 했다. 집이라는 공간과 자기 삶을 구축해나가는 사람들에 대한 이야기를 더 많이 하고 싶다는 생각을 할 때 즈음, 우연히 '오늘의집'이라는 곳의 채용 공고를 보고 이직을 하게 됐다. 지금이야 오늘의집이 인기 있는 인테리어 플랫폼이지만, 당시에는 회사가 지금처럼 잘나가던 시기는 아니었다. 회사의 미래보다는 '주거'라는 키워드에 끌린 선택이었다. '여행'과 '인테리어'가 다른 키워드라고 생각할 수 있겠지만 이 두 브랜드는 '집'이라는 공간에서 자기 삶을 구축해나가는 사람들의 이야기를 다룬다는 커다란 공통점이 있었다.

오늘의집에서 일을 하면서 '집'이라는 키워드를 좀더 확장해가기 시작했다. 회사에서 다루는 일이 나의 관심사와도 맞닿아 있었기 때문에 자연스레 회사의 일을 내 일처럼 여기며 열심히 했다. 하지만 회사 일 이외의 개인의 프로젝트도 계속해서 이어갔다. 대신 '오늘의집의 누구'가 아닌, '무과수'라는 개인으로 진행했다. 잘되고 있는 회사를 앞세워 더 많은 것을 누릴 수도 있지만 그렇게 하지 않으려 애썼다. 단기적으로 보면 이득일 수 있지만, 장기적으로 보면 오히려 잃는 게 많다. 결국 언젠가는 내려놓아야 할 타이틀이라, 스스로 설 수 있는 힘을 길러놓지 않으면 결국 불안만이 남게 되니까.

대신 개인적인 경험을 회사의 일을 할 때 적극적으로 활용했다. 회사마다 다르겠지만, 오히려 우리 회사는 나의 개인 활동을 좋아해주고 지지해주었다(그때는 지금처럼 회사가 크기 전이라 더 그럴 수 있었던 것 같다). 개인만을 위한 일이었으면 제재를 받았을 것 같은데, 결국 회사에 도움이 되기 때문에 가능했다고 본다. 개인 프로젝트에서 쌓은 경험을 회사에서 진행하는 일에 레퍼런스 삼아 적극적으로 활용했고, 결국 좋은 결과를 냈기에 나에게도, 회사에게도 선순환이 아니었을까 싶다.

*

깨어 있는 대부분의 시간을 회사 일을 하며 보내는 직장인들이 조직 바깥의 '일하는 자아'를 만들기는 쉽지 않다. 같은 직장인으로 일하면서도 나만의 일을 만들 수 있었던 이유를 생각해보면 회사 일과 나의 일을 무 자르듯이 구분하지 않고, 내가 하는 모든 일을 나의 프로젝트로 여기기 때문이다. 회사의 일과 나의 일을 구분하면 쓸 수 있는 시간이 현저히 작아질 수밖에 없는데, 나는 회사와 개인을 구분하지 않기 때문에 곧 모든 시간이 나의 시간이 된다. 물론, 이건 회사에서 하는 일이 개인도 원하는 일이어야 가능하다.

그럼 지금까지 한 이야기는 결국 나에게만 적용되는 특수한 사례인 걸까? 그렇지 않다고 생각한다. 어떤 회사도 개인의 방향성과 100퍼센트 일치하는 곳은 없다. 나 역시 모든 시간을 나의 시간으로 만들기 위해, 스스로 내가 고용되어서 하는 일과 개인적으로 하는 일 사이의 간극을 좁힐 수 있도록 환경을 스스로 바꾸고 일을 원하는 방향으로 이끌어가기 위해 적극적인 노력을 했다. 다음으로는 '회사에서 내가 원하는 일을 할 수 있는 방법'에 대해 이야기를 해볼까 한다.

스스로 설 수 있는 힘을 길러놓지 않으면

결국 불안만이 남게 된다.

회사에서 원하는 일을 하는 법

지난번에는 어떻게 회사 일을 하면서도 개인의 일까지 다양하게 하게 되었는지에 대해서 이야기를 했다면, 이번에는 회사 안에서 원하는 일을 하려고 노력했던 방법에 대해서 이야기해 보려고 한다. 물론 개인의 상황이나 환경이 다르니 방법이 모두에게 통한다고 할 순 없지만, 일을 대하는 하나의 태도로 봐주면 좋을 것 같다.

Step 1. 주어진 일을 효율화한다

회사에 입사했을 때 나에게 주어진 업무는 정해진 포맷의 콘텐츠를 매일 발행하는 일이었다. 그게 내가 해야 하는 일이었고, 맡은 일의 전부였다. 한달 정도는 적응하느라 별생각이 없었는데, 익숙해지니 금세 업무가 지루해졌다. 내가 별다른 액션을 하지 않았다면 같은 업무를 계속해서 하고 있었을 것 같다. 하지만 나는 '새로운 일'에서 재미를 느끼는 편이어서 루틴한 운영과는 맞지 않는 성격이라는 것을 빠르게 깨달았고 다른 일을 할 방법을 찾기 시작했다.

회사에 들어간 지 얼마 안 됐다면 신뢰를 쌓는 시간이 필요하다. 내가 일을 잘할 수 있는 사람이라는 것을 보여줘야 새로운 일을 제안했을 때도 의심보다는 지지를 받을 수 있다. 그래서 가장 기본적으로는 주어진 일을 잘해야 한다. 대신 나는 잘하는 것을 넘어 효율화를 하기 시작했다. 내가 굳이 직접 하지 않아도 주어진 일이 돌아가도록 프로세스를 만들어서 다른 일을 할 여력을 확보하고, 그 시간에 내가 원하는 일을 시도하는 것이다.

주어진 일은 건너뛰고 다짜고짜 다른 일을 하겠다고 하는 건 순서에 맞지 않는다. 회사는 애초에 그 일을 해줄 사람을 찾아서 뽑은 거니까. 그래서 당연한 말이지만 주어진 일을 잘하고, 효율화를 하는 것이 가장 우선순위가 되어야 한다.

Step 2. 문제 해결을 통한 레슨런 쌓기

실패보다 더 중요한 것은 레슨런lesson-learned, 실패를 통한 교훈을 쌓는 것이다. 입사 초반에는 '아이디어 뱅크'라 불릴 정도로 정말 아이디어를 많이 냈다. 시도하지 않는 것보다는 빠르게 무언가를 기획하고 실행해서 다양한 교훈을 얻는 게 중요하다. 어차피 입사 초반에는 큰 과업을 맡기란 쉽지 않다. 그러니 작은 시도와 작은 성공을 쌓아가면서, 실력을 키움과 동시에 성공의 가능성을 높여가는 것이다.

여기서 중요한 것은 회사 비즈니스와 관련된 것 중 모두가 '문제'라고 생각하는 것을 해결하는 기획을 제시하는 것이 가장 빠르게 시도할 수 있는 지름길이 된다. 단순히 해보고 싶다고 새로운 기획을 더하는 것보다 기존에 있는 문제를 해결하는 것이 설득도 쉽고 기획의 효과도 큰 경우가 많다. 결국 모든 과업을 진행하려면 회사를 설득해야 하는데, '지금 해결해야 하는 문제'만큼 명확한 이유가 또 있을까.

Step 3. 하고 싶은 일 제안하기

작은 성공이 차곡차곡 쌓이면 회사는 나를 '일을 맡겨도 되는 사람'으로 생각하게 된다. 이쯤 되면 무언가를 제안하고 실행하는 것이 이전보다는 수월함을 느낄 수 있다. 그간 쌓아온 작은 성공들이 내 기획과 발언에 설득력을 실어주는 것이다.

일을 하다보면 '하고 싶은 일'이 생기기 마련이다. 하지만 언제나 간과하지 말아야 할 점은 결국 이곳은 회사라는 것이다. 아무리 좋은 기획이라고 하더라도 회사의 목표와 관련이 없다면 좋은 결과를 얻는다고 해도 그 프로젝트는 의미를 갖기 어렵다. (주니어 때는 이 점을 간과하고 진행했다가 개인적으로 허무함을 느낀 적이 종종 있었다.) 회사의 중요한 목표에 가까운 기획일수록 주목을 받고 적극적인 지지를 받을 수 있다. 그러면 자연스레 임팩트가 커질 가능성도 높아진다(물론 좋은 기획이라는 가정하에). 회사는 사업 방향에 도움이 되는 프로젝트니 좋고, 나는 성공적인 프로젝트라는 포트폴리오를 쌓을 수 있으니 서로 윈윈하는 셈이다. 나는 목표는 회사에 맞추되, 기획과 일을 진행하는 세부적인 방식은 내 개인의 역량을 최대한 발휘하고 성장시키는 방법으로 만들어가면서 '하고 싶은 일'을 실현시켰다. 어떤 결과를 낼 것인가만 앞단에서 잘 조율이 되면 그 뒤의 방법은 무엇이든 될 수 있다.

Step 4. 가벼운 사이드 프로젝트로 선순환 구조 만들기

좋은 기획이란 결국 다양한 경험에서 만들어지는 것이다. 물론 요즘같이 정보가 쏟아지는 시대에는 레퍼런스는 얼마든지 구할 수 있지만, 사실 직접경험만큼 강력한 건 없다. 개인적으로 사이드 프로젝트를 정말 많이 진행했는데, 회사의 일에 도움이 되기 위해서 시작을 한 건 아니지만 결과적으로는 내가 하는 모

든 일에 도움이 됐다.

집에 낯선 사람을 초대하는 작은 모임을 운영한 경험은 '오하우스'라는 현재는 1천명 규모의 오늘의집 커뮤니티를 만드는 데 중요한 초석이 되어주었고, 최근에 진행했던 '오늘의집의 재발견'이라는 8주년 캠페인은 기존에 주거와 관련된 생각과 경험을 집대성한 프로젝트였다.

개인 프로젝트는 가벼워야 더 많은 시도를 할 수 있다. 무엇을 위해서 하느냐에 따라 다르겠지만, 나 같은 경우에는 그저 '하나의 경험'으로 여긴다. 그래서 사이드 프로젝트를 고민하는 직장인들에게 난 너무 심각하게 고민하지 말고 그때그때의 끌림이나 재미를 따라서 가볍게 해보라고 말한다. 실패나 성공이 아닌, 시도를 하고 그 과정에서 무엇을 배우고 깨닫는가가 중요한 것이니까.

*

물론 내가 일하던 직장은 작은 스타트업 조직이어서 새로운 제안에 훨씬 수용적이고, 업무 영역을 넓히는 것이 상대적으로 용이했다. 하지만 다른 조직이라 하더라도 비슷한 방식으로 회사가 나아가야 할 방향과 자신의 방향을 맞닿게 할 수 있을 것이다.

너무 잘하려고 하다 시작도 못하는 것들이 얼마나 많은가. 지금까지 긴 이야기를 했지만 사실 한줄로 요약하면 '일단 해보세요'일 것이다. 아무것도 하지 않으면 그야말로 아무것도 얻을 수 없다. 만약 이 글을 다 읽었다면 당신은 정말 잘하고 싶은 의지가 가득한 사람일 것이다. 그럼 내 말을 꼭 기억해줬으면 좋겠다.

"당장 무엇이든 해보세요. 그럼 그다음이 자연스레 그려질 거예요."

혼자 일하는
사람들의
동료 만들기

황효진   작가, 팟캐스터, 커뮤니티 운영자. 『아무튼, 잡지』 『나만의 콘텐츠 만드는 법』 『어른이 되면 고민이 끝날까?』를 혼자, 『일하는 여자들』과 『소년소녀, 고양이를 부탁해!』 『자세한 건 만나서 얘기해』를 함께 썼다. 엔터테인먼트 분야를 다루는 기자로 일했으며, 콘텐츠에 관해 이야기하는 팟캐스트 「시스터후드」를 진행하고 있다. 처음 만나는 사람들 앞에서 쭈뼛거리는 내향인이지만 일하는 여성들의 커뮤니티 '뉴그라운드'를 만든다.

01

이름은 하나지만 직업은 서너개

여러개의 일을 병행한 지 몇년이 흘렀지만, 스스로 'N잡러'라고 생각해본 적은 없다. 'N잡러로 일하는 건 어때요?'라는 질문을 받으면 '내가 N잡러였나?'라는 물음이 가장 먼저 떠오른다. 서로 다른 일들 사이를 건너다닐 때의 스트레스도 거의 받지 않는 편이다. 특별히 유능하거나 성실한 사람이라서가 아니다. 여러개의 일을 전부 다르다고 감각하지 않기 때문이다. 지금 하는 모든 일은 요약하자면 '여성'이라는 하나의 키워드로 연결할 수 있는 것들이다. 내게는 이 일들이 'N개의 잡'이 아니라 조금씩 형태를 달리하며 느슨하게, 계속 이어지는 하나의 일에 가깝게 느껴진다.

그렇지만 쉬운 이해를 위해, 보통은 내 일을 크게 세가지 정도로 소개한다. 하나, 일하는 여성들의 커뮤니티 '뉴그라운드'를 운영한다. 뉴그라운드는 일터에서의 성차별을 해소하는 데 약간이나마 기여하겠다는 목표로 만든 회사다. 한국은 OECD에 가입한 38개국 중 1996년 이래로 지난해까지 쭉 가장 높은 성별 임금격차를 기록하고 있다. 같은 일을 하더라도 여성의 전문성을 제대로 인정하지 않는 사회 분위기 때문이다. 당연히 작은 커뮤니티 하나가 일터에서의 성차별을 단숨에 바로잡을 수는 없지만, 여성의 전문성에 의미를 부여하고 여성들이 서로 연결될 수 있는 판을 만든다면 무언가 조금씩 달라질 수도 있을 거라고 기대한다. 여기서 멤버들이 모이는 커뮤니티를 시즌별로 기획하고, 운영에 필요한 프로그램을 구상하거나 진행한다. 지원금을 받기 위해 서류를 작성하거나 외부 파트너와 협업하기 위해 미팅하고 내용을 조율하는 일 등도 직접 한다.

또 하나, 영화나 드라마, 예능 등 콘텐츠를 여성주의적 관점으로 보고 비평하는 팟캐스트 「시스터후드」를 만든다. 매주 여성 감독이나 작가, 배우 중심의 작품을 고르고, 그 속에서 여성이 어떻게 그려지는지 살펴보는 게 「시스터후드」가 하는 일이다. 팟캐스터로서의 일에는 할 이야기를 정리하여 대본을 쓰고 방송을 녹음하는 것, 오디오 파일을 편집해서 플랫폼에 올리는 것, SNS에 방송 업로드 소식을 알리는 것도 포함되어 있다. 마지막으로, 작가로서 글을 쓴다. 커리어, 콘텐츠 비평 등 주제는 때마다 다르지만 모든 글에 현재를 살아가는 여성으로서의 고민과 시선을 담으려고 애쓴다.

＊

창업가도 되고, 팟캐스터도 되고, 작가도 되는 사람. 말하자면 '이름은 하나지만 직업은 서너개'인 사람. 처음 커리어를 시작할 때만 해도 이런 방식으로 일하게 될 거라고는 전혀 예상하지 못했다. 직업을 선택하거나 회사를 옮길 때 미래를 예측하고 가능성을 계산하는 안목이 중요하다고 하던데, 돌이켜보면 단 한번도 그래본 적이 없다. 늘 장기적인 비전 없이 하고 싶은 일, 할 수 있는 일을 그때그때 선택해왔다.

첫번째 직업은 기자였다. 창간을 준비하는 부산·경남 지역 주간지에 소속되어 지역에 밀착한 이야기를 발굴하고 기사를 썼다. 시작하는 매체의 성격과 방향성을 함께 만들어나갈 수 있다는 점은 매력적이었지만 위계질서가 명확한 조직이었고, 그런 곳에서는 오랫동안 일하는 상상을 하기 어려웠다. 거기서 1년을 채우지 못하고 이직한 회사는 평소 즐겨 읽던 엔터테인먼트 전문 웹 매거진이었다. 콘텐츠 기획의 기술과 엔터테인먼트 산업을 깊이 있게 바라보고 비평하는 눈, 콘텐츠와 사회가 결코 분리

될 수 없으며 둘은 무척 닮아 있다는 사실을 이곳에서 일하는 동안 배웠다. 그러는 동안 나는 글을 잘 쓰는 기자, 콘텐츠를 날카롭게 분석하는 기자가 되고 싶었다.

그 바람은 코미디언 팀 '옹달샘'의 여성혐오 발언이 알려진 이후 완전히 바뀌었다. 여성주의적 관점이 없이는 글을 잘 쓸 수도, 콘텐츠를 날카롭게 분석할 수도 없다는 걸 뒤늦게 깨달았다. 예능과 드라마에 관한 수많은 기사를 쓰면서도, 아이돌 산업을 비교적 가까이서 지켜보면서도 그 안에 여성들의 자리가 너무나 부족함을, 성차별적인 사회 구조가 그대로 반영되어 있음을 몰랐다는 데 충격받았다. 다행히 회사 안에도, 바깥에도 계속해서 고민하고 공부하고 목소리를 내려는 여성들이 있었고, 그들 덕분에 나 또한 여성주의적 관점을 서서히 갱신해나갈 수 있었다.

그럼에도 기자로 일하는 건 녹록지 않았다. 체력은 해를 거듭할수록 떨어지고, 가끔 찾아오는 밤샘 마감은 감당하기 벅찼다. 써야 할 원고 때문에 매일 사라지기 일쑤인 저녁도 지겨웠다. 기자로서 무언가를 해내고 싶은 마음, 더 나은 글을 쓰고 싶은 마음도 점차 녹아내리고 있었다. 나는 어떤 사람이 그 일을 더 잘할 수 있는가, 그 일에 재능이 있는가는 향상심이 있는지 없는지로 알 수 있다고 믿는 편이다. 더 잘하고 싶어서 안달나고, 다른 사람들을 선망하고 때로는 질투하는 마음이 때때로 일하는 나를 더 자라게 만든다. 그게 나에게서 완전히 사라졌다고 느꼈을 때, 기자로서의 일을 그만두고 프리랜스 에디터가 됐다.

앞으로 명확하게 무엇을 할 수 있을지, 어떻게 돈을 벌어야 할지 계산하지 못했지만 운 좋게도 주변에는 힘을 합쳐 재미있는 궁리를 해볼 수 있는 동료들이 있었다. 그들과 팀을 이뤄 여성의 주거 독립에 관한 잡지를 만들고, 자신의 자리에서 치열하게 일하며 고유한 노하우를 쌓고 있는 여성들을 인터뷰했다. 여성 스탠드업 코미디 쇼도 기획했고, 팟캐스트도 시작했다. 기자로서 쌓아온 콘텐츠 기획의 노하우를 발휘하면서, 여성주의적 관점을 다양한 형태로 구현하고 실험해볼 수 있었다. '여성'이라는 키워드로 이렇게 즐겁게 여러가지 일을 펼쳐볼 수 있다는 게 놀랍고 신났다.

어쩌다보니 '콘텐츠 기획'과 '여성주의적 관점'은 커리어의 핵심 요소가 됐다. 그래서 밀레니얼 여성들을 위한 커뮤니티를 만드는 스타트업에 콘텐츠 디렉터로 합류한 건 자연스러운 선택이었다. 일하는 여성들과 의미 있는 대화를 나눌 수 있는 여성 연사들을 섭외하고, 뾰족한 주제를 잡아 콘퍼런스를 열고, 커뮤니티 멤버들과 함께 더 나은 협업자가 될 수 있는 방법을 고민했다. 회사는 코로나로 인해 안타깝게도 문을 닫았지만, 그때 쌓은 경험을 바탕으로 동료와 뉴그라운드라는 새로운 회사를 창업할 수 있었다. 그리고 여전히, 일하는 여성들에게 어떤 커뮤니티가 필요한지 고민한다.

*

각각의 커리어가 조금씩 달라지며 맥락을 만들어왔듯, 여성 커뮤니티를 운영하고, 여성주의적 관점의 팟캐스트를 제작하고, 여성으로서의 목소리를 담은 글을 쓰는 지금의 일들은 톱니바퀴처럼 맞물려 유기적으로 돌아간다. 여성 커뮤니티를 통해 나와 다른 일을 하고 다른 생각을 하는 여성들과 만나 세상에 대한 이해를 넓힌다. 이렇게 넓어진 시야는 팟캐스트를 만드는 데도, 글을 쓰는 데도 무척 큰 도움이 된다. 반대로, 글을 쓰고 팟캐스트를 만들며 알게 된 것들을 커뮤니티에서 다른 여성들과 나눌 수도 있다. 겉으로 보기엔 전혀 다른 세가지의 일들은 하나의 일과 다름없는 방식으로 나의 일상을 구성한다.

여성을 키워드 삼아 이런저런 일들을 하고 있다고 설명하면,

가끔 '좋은 일 하시네요'라는 반응이 돌아온다. 내가 하는 일들의 가치를 인정하려는 말이라고는 생각하지만 어쩐지 머쓱해진다. '좋은 일'이란 뭘까? 세상에 존재하는 수많은 일 중 가치 없는 일이 얼마나 될까? 더욱이 나는 누군가를 위해서 이 일들을 하는 게 아니다. 이전에도, 지금도 이 모든 일들은 누구보다 내게 필요하고 중요하다. 나라 전체가 기울어진 운동장이라고 할 수 있을 한국 사회에서 다른 여성들과 만나고, 그들과 함께 무엇을 할 수 있을지 고민하고, 서로의 의견에 때로는 동의하고 때로는 서로 갈등하며 나의 관점과 인식을 새롭게 고쳐나가는 일들이기 때문이다. 요컨대 그때그때 마음 가는대로 일을 선택하며 만들어왔다고 여긴 나의 커리어패스는, 이곳에서 여성으로서 잘 살아가기 위한 생존전략이었던 셈이다.

*

지난해, 일과 글을 주제로 인터뷰를 한 적이 있다. 인터뷰 이후 작가로부터 도착한 원고에는 이런 문장이 쓰여 있었다. "황효진 작가는 '연속성 있는 작가'가 되어가고 있었다. 내가 말하는 연속성은 작가의 관심사가 삶에서 글까지 끊기지 아니하고 죽

연결되거나 지속하는 상태다."구선아 『일상생활자의 작가 되는 법』, 천년의상상 2022 나는 이 말을 기억하기로 했다. 앞으로 어떤 일을 새롭게 선택하게 되더라도 말이다.

친구를 만들고

잘 대화하고 좋은 시간을 보내는 방법은

살아가는 내내 배워야 하는 것이기도 하다.

#02

≡ | 내향인의 네트워킹

사람들을 처음 만나는 자리에서 입을 잘 열지 않는, 극 내향형 인간이다. 모르는 사람들이 많은 곳에서는 자세가 저절로 쭈그러든다. 먼저 나서서 자기소개를 하거나 스몰토크를 시작하는 일도 거의 없다. 모임에 갔을 때 쭈뼛쭈뼛 일어나서 자기소개를 하는 것, 자기소개를 하는 동안 다른 사람들의 시선이 내게 쏠리는 것, 주변에 앉은 사람과 어떤 대화를 하며 분위기를 풀어야 하나 고민하는 것 모두 조금 고역이다. 낯을 많이 가려서 학창시절에도 조별 과제가 있는 수업은 일부러 듣지 않았을 정도다. 이런 내가 커뮤니티 만드는 일을 햇수로 5년째 하고 있다니, 스스로도 이상하고 신기하게 느껴진다. 커뮤니티에서 진행하는 프로그램에 온 사람들을 환대하고, 그들의 이름과 얼굴을 기억하고, 그들과 대화 나누는 일을 꽤 어색하지 않게 할 수 있게 되었다. 덕분에 "제 MBTI 앞자리는 I예요"라고 말하면 가끔 믿을 수 없다는 반응이 돌아온다.

내가 만드는 커뮤니티에는 일하는 여성들이 모인다. 우리는 '일'과 '기록'을 키워드로 하는 프로그램과 모임에서 만나고, 온라인 커뮤니케이션 툴인 '슬랙'을 통해서도 만난다. 커뮤니티에서는 '이제 막 중간관리자가 됐는데, 어떻게 팀원들을 리드해야 할지 모르겠어요' 같은 고민을 나누기도 하고, '연봉 협상할 때 알아둬야 할 것들' 같은 각자의 노하우를 공유하기도 한다.

여성 커뮤니티들이 막 생기기 시작한 4년여 전부터 지금까지 '여성들의 커뮤니티가 왜 필요하냐'는 소리를 심심치 않게 듣는다. 어떤 이들에게는 한국 사회에 만연한 성차별이 보이지 않으니까. 능력만 있다면 여성도 남성 못지않은 대우를 받을 수 있다고, 일터에서 여성이 차별받는다는 건 능력 없는 일부 여성들의 주장이라고 믿으니까 할 수 있는 소리다. 그럴 때마다 나는 매해 한국이 꼴찌를 기록 중인 여남 임금 격차나, 코로나 기간 동안 여성들이 남성에 비해 일자리를 더 많이 잃었다는 데이터를 내민다. 여성 커뮤니티가 필요하다는 사실을 매번 증명해야 하는 상황이 피로하지만 지치지 않고 할 수 있는 말을 하려고 한다.

솔직히 말하면, 예전의 나 또한 커뮤니티가 왜 필요한지 알지 못했다. '커뮤니티'라는 단어는 내게 '인맥 관리'나 '네트워킹'

이라는 표현으로 다가왔다. 그게 정확히 어떤 의미인지 깊이 고민하지 않은 채 막연한 반감을 느꼈다. 왜 사람을 '관리'씩이나 하면서 사회생활을 해야 하는 걸까? 그건 성공에 눈이 먼 사람들이나 하는 거 아닌가? 더 솔직히 말하자면 커뮤니티가 무엇인지조차 몰랐던 것 같다. 운 좋게도 대화가 잘 통하는 동료들이 있는 회사에 다녔고, 언제든 필요한 이야기를 나눌 수 있는 친구들이 주변에 있었다.

그러다 프리랜서의 생활을 경험하고, 규모가 아주 작은 회사에서 일하며 느슨하게 연결되어 있는 여성 동료들의 필요성을 절감했다. 나와 다른 일을 하는, 다른 상황에 있는 여성들의 이야기를 더 많이 듣고 싶었다. 일하면서 잘 풀리지 않는 부분에 대한 팁이나 새로운 시각을 얻고 싶을 때, 한계를 느껴서 응원과 위로를 받고 싶을 때 다른 여성들과 만날 수 있기를 바랐다. 함께 커뮤니티를 운영했던 동료가 '코로나 시대를 지나는 동안 커뮤니티를 통해 우리가 직접 동료를 만든 것 같은 기분'이라고 말했을 때, 나는 공감의 표시로 힘껏 고개를 끄덕였다. 우리가 만든 커뮤니티로 가장 큰 힘을 얻은 사람은 다른 누구도 아닌 우리 자신이었다.

*

『하버드 비즈니스 리뷰』에 실린 2019년 연구에 따르면 여성들끼리 유대관계를 맺은 그룹은 그렇지 않은 여성들에 비해 보수나 지위가 약 2.5배 높은 자리를 차지한다는 연구 결과가 있다.[*] 사적으로 다른 여성들과 네트워크를 형성하거나 커뮤니티에 속한 여성일수록 일터에서도 더 나은 대우를 받을 가능성이 높다는 얘기다. 그렇지만 여성들이 누구나 더 많은 연봉을 받고, 더 높은 자리로 올라가기 위해서 여성 커뮤니티가 필요하다고 생각하지는 않는다. 좋은 성과를 거두거나 지위가 높은 여성들이 많아진다고 성차별이 저절로 해소될 리 없다. 소수의 여성이 성공하는 것보다, 모든 여성이 여성이라는 이유만으로 차별받지 않는 게 더욱 중요하기 때문이다. '그래서 여성 커뮤니티를 만들면 성차별이 해소되나?'라고 묻는다면, 아직 잘 모르겠지만 그렇게 믿고 있다고 답할 수밖에 없다. 그런 믿음으로 여성들 간의 연결을 만들고 있다. 여성으로서, 페미니스트로서, 신입 사원으로서, 관리자로서, 프리랜서로서, 여러가지 이유로 일을 쉬고

- Brian Uzzi, "Research : Men and Women Need Different Kinds of Networks to Succeed," *Harvard Business Review*, 2019.2.25.

있는 사람으로서 나의 문제와 고민을 다른 여성들과 나눌 수 있다는 사실만으로도 외로움이나 고립감은 옅어진다.

김현미 교수는 저서 『페미니스트 라이프스타일』반비 2021에서 "비슷한 조건과 감정 상태에 있는 여성들이 서로에게 소소한 이야기라도 시작해주고, 일에 대한 태도나 습관 등의 이야기를 대수롭지 않게 주고받을 때, 여성들 간의 긴장은 풀린다"라고 썼다. 일터에서 여성 동료들과 이런 이야기를 시작할 수 있다면 가장 좋겠지만, 일이라는 이해관계로 얽혀 있기 때문에 당연히 조심스럽다. 어떤 방식으로 대화를 건네야 할지, 어디서부터 어디까지 내 이야기를 꺼내면 될지, 일에 대한 피드백은 어떻게 줘야 할지 감을 잡기가 어렵다. 그런 건 일하는 동안 누구도 가르쳐주지 않는다. 커뮤니티에서는 함께 적절한 커뮤니케이션 방식을 배우고 연습할 수도 있다. 어떤 이해관계도 없는 여성 동료들과 마음 편하게 대화하고 칭찬하고 서로 응원하면서, 무엇이 조금 더 나은 커뮤니케이션인지 고민해보게 된다. 이렇게 배운 방법을 각자의 일터로 돌아가 적용해볼 수도 있다. 그러는 사이 우리 각자는 경직됐던 일터의 분위기나 여성 동료 간의 분위기를 조금씩 바꾸는 사람이 될지도 모른다.

지난해 인상 깊게 본 영화 중 「아메리칸 레볼루셔너리」^{American}

Revolutionary: The Evolution of Grace Lee Boggs, 2014라는 다큐멘터리가 있었

다. 지금은 세상을 떠난 그레이스 리 보그스^{Grace Lee Boggs}라는 여

성 활동가의 생애를 담은 작품이다. 훌륭한 활동가이자 혁명가

였던 그레이스 리 보그스는 '우리 각자가 스스로 바라던 리더가

되어야 한다'라고 말한다. 커뮤니티를 만들면서 자주 이 말을 떠

올린다. 뛰어난 여성 리더 한명, 성공한 여성 한명의 존재가 성

차별을 해소해주기를, 판도를 뒤집어주기를 바랄 수 없다. 그레

이스 리 보그스의 말처럼 다른 누군가가 아닌 나 자신이 내가 바

라던 리더가 되어야 한다.

물론, 리더라는 말이 좀 무겁고 어렵게 느껴질 수 있다. 그동

안 주로 남성으로 대표되어왔던 전통적인 리더의 이미지가 권

위적이기 때문이다. 여성들이 리더가 되기를 부담스럽게 여기

는 이유도 아마 그래서일 것이다. 리더의 의미를 다르게 바라보

면 어떨까? '이건 원래 그런 거야'라는 말에 넘어가지 않는 사람,

고민 없이 거듭되어왔던 시스템이나 분위기에 균열을 내는 사

람, 그러기 위해 노력하는 사람을 새로운 시대의 리더라고 할 수

있지 않을까. 더 높은 자리에 앉은, 더 많은 권한을 가진 사람이 아니라. 다른 여성들과의 연결을 통해 나와 다른 사람들을 보고, 그들의 이야기를 듣고, 더 나은 사람이 되는 방법을 고민하면서 우리는 자신도 모르는 사이 자연스럽게 이전과 전혀 다른 모습의 리더가 될 수 있다. 가끔 '여성 커뮤니티를 만드는 게 과연 의미가 있는 일일까' 걱정스럽다가도, 이 생각을 하면 불안을 내려놓게 된다. 지금 당장 달라지는 게 없어보여도, 이것은 기울어진 운동장을 바로잡을 장기적인 프로젝트가 될 테니 말이다.

*

이 글을 쓰는 내내 '왜 여성에게 커뮤니티 혹은 네트워크가 필요할까?'라는 질문을 곱씹고 또 곱씹었다. 지금까지 여러가지 이유를 댔지만, 결국 가장 하고 싶은 말은 이것인 것 같다. 새로운 여성들을 만나는 것은 우리 각자에게 새로운 우정의 얼굴을 더하는 일이다. 시간이 흐르고 나이를 먹을수록, 아는 얼굴과 이름들을 만드는 것만큼 어렵지만 꼭 필요한 일이 또 있을까. 친구를 만들고 잘 대화하고 좋은 시간을 보내는 방법은 살아가는 내내 배워야 하는 것이기도 하다. 그건 분명, 다른 여성들과 함께

하는 시간 속에서만 가능한 일일 것이다.

일잘잘
일 잘하고 잘 사는 삶의 기술

초판 1쇄 발행/2023년 5월 8일

지은이/김명남 심채경 홍민지 조소담 김예지 이연 추혜인 무과수 황효진
펴낸이/강일우
책임편집/최지수
조판/박아경
펴낸곳/(주)창비
등록/1986년 8월 5일 제85호
주소/10881 경기도 파주시 회동길 184
전화/031-955-3333
팩시밀리/영업 031-955-3399 편집 031-955-3400
홈페이지/www.changbi.com
전자우편/human@changbi.com

ⓒ 김명남 심채경 홍민지 조소담 김예지 이연 추혜인 무과수 황효진 2023
ISBN 978-89-364-7935-0 03300

.